STUDIEN ZUR
THEOLOGIE UND GESCHICHTE

STUDIEN ZUR
THEOLOGIE UND GESCHICHTE

HERAUSGEGEBEN VON GEORG SCHWAIGER

10. BAND

Das Kirchenbild Joseph Bernharts

von

RAINER BENDEL

1993

EOS Verlag Erzabtei St.Ottilien

Das Kirchenbild Joseph Bernharts

von

RAINER BENDEL

1993

EOS Verlag Erzabtei St.Ottilien

MÜNCHENER UNIVERSITÄTSSCHRIFTEN
KATHOLISCH-THEOLOGISCHE FAKULTÄT

Die Deutsche Bibliothek - CIP-Einheitsaufnahme

Bendel, Rainer:
Das Kirchenbild Joseph Bernharts / von Rainer Bendel. - St. Ottilien : EOS-Verl., 1993
(Studien zur Theologie und Geschichte ; Bd. 10)
ISBN 3-88096-910-8
NE: GT

Vorwort

Die vorliegende Studie ist eine Zusammenfassung der wichtigsten Ergebnisse einer Untersuchung, die die Katholisch-Theologische Fakultät der Universität München im Sommersemester 1991 als Lizentiatsarbeit angenommen hat.

Meine Beschäftigung mit Joseph Bernhart, dem Theologen und Philosophen vor allem, aber auch dem Dichter, reicht zurück bis vor den Beginn meines Theologiestudiums. Bernharts Denken, gerade in den bekannteren Schriften, begleitete mein ganzes Studium; es war mir eine höchst anregende und weitende, eine befreiende Auseinandersetzung.

Umso größer war mein Wunsch, mit einer Arbeit über Joseph Bernhart das Studium in gewisser Weise abzuschließen.

Dank gebührt hier an erster Stelle Herrn Prof. Dr. Ulrich Horst, der sich bereit erklärt hat, das Thema als Lizentiatsarbeit anzunehmen, der es wohlwollend begleitet und gefördert hat.

Dank gebührt Herrn Prof. Dr. Manfred Weitlauff, dem Vorsitzenden der Joseph-Bernhart-Gesellschaft, da er es mir ermöglicht hat, den unveröffentlichten Nachlaß Bernharts für die Fragestellung dieser Arbeit auszuwerten, und da er das Korreferat erstellt hat.

Danken darf ich Herrn Prof. Dr. Georg Schwaiger für die Bereitschaft, diese Arbeit in die von ihm herausgegebene Reihe "Studien zur Theologie und Geschichte" aufzunehmen.

Dank gebührt Frau Franziska Wenger, die allen Fragen bereitwillig und entgegenkommend nachgegangen ist.

Dank allen, die durch Fragen, Anregung und Kritik das Wachstum der Arbeit gefördert haben; herzlich danke ich vor allem zwei Freunden für ihre Anregungen in zahlreichen Gesprächen: Frau

Lydia Maidl und Herrn Dr. Adalbert Keller.
Die Joseph-Bernhart-Gesellschaft hat einen namhaften Betrag zu den Druckkosten beigesteuert; dafür sei ihr herzlich gedankt.

München, 28. Januar 1993 Rainer Bendel

Gegliederte Übersicht über den Inhalt

Zusammenstellung der verwendeten Literatur

1. Werke Joseph Bernharts

1.1 Aus dem noch unveröffentlichten Nachlaß

Die unveröffentlichten Schriften werden aus dem Nachlaß in der Bayerischen Staatsbibliothek München zitiert. Die Zitation erfolgt nach den von Bernharts langjähriger Nachlaßverwalterin vergebenen Signaturen.
Der gesamte Nachlaß Bernharts ist eingeordnet unter der Signatur Ana 383.
Die Tagebücher sind im Text der vorliegenden Arbeit nicht mit der Detailsignatur versehen; sie sind zu finden unter U 153 - 156.
Der erhaltene Briefwechsel ist eingeordnet unter U 161.

- Die Antwort der Weltreligionen auf die Fragen unserer Zeit, BSB Ana 383, U 30.
- Der heilige Augustinus als Pädagoge, BSB Ana 383, U 50.
- Ästhetik und Theologie, BSB Ana 383, U 100.
- Ästhetische Kultur und christliche Kunst, BSB Ana 383, P 12.
- BiK = Bernhart in der Kritik (Besprechungen der Veröffentlichungen Bernharts; nach den Werken in Mappen geordnet).
- Die Bibel in katholischer Sicht, BSB Ana 383, U 33.
- Eros - Misericordia, in: Hochland 7 (1909), S. 129 - 138 = BSB Ana 383, P 27.
- Freundschaft, BSB Ana 383, U 69.
- Fragment einer Gegensatzlehre, BSB Ana 383, U 71.
- Geheimnis der Bosheit, BSB Ana 383, U 20.
- Politische Geschichte und Heilsgeschichte, BSB Ana 383, U 29.
- Das Stehen des Heiligen in der Geschichte, BSB Ana 383, U 75.
- Inspiration, BSB Ana 383, U 56.
- Katholisch - Protestantisch, BSB Ana 383, U 43.
- Einführung in den Katholizismus für Außenstehende, BSB Ana 383, U 89.

- Friedrich Heilers "Katholizismus", BSB Ana 383, Z 199.
- Das Wesen des Katholizismus, BSB Ana 383, U 62.
- Die Kirche und die Gebildeten, BSB Ana 383, P 58.
- Kosmos und Hierarchie, BSB Ana 383, U 18.
- Kunst als Nachahmung, BSB Ana 383, U 3.5.
- Martin Luther, BSB Ana 383, P 132.
- Mensch und Christ, BSB Ana 383, U 76.
- Moderne Ausdruckskultur und christliche Innenkultur, BSB Ana 383, P 39.
- Deutsche Mystik, BSB Ana 383, P 77.
- Der mystische Mensch, BSB Ana 383, U 65.
- Der christliche Osten in sakralästhetischer Betrachtung, BSB Ana 383, U 98.
- Über Papst und Papsttum, BSB Ana 383, U 28.
- Zum Schöpfungsbegriff, BSB Ana 383, U 60,2.
- Weltversöhnung in Christo, BSB Ana 383, U 77.

1.2 Veröffentlichte Werke

Augustinus. Confessiones/Bekenntnisse, lateinisch und deutsch, eingeleitet, übersetzt und erläutert von Joseph Bernhart, München 1955.

Bernhardische und Eckhartische Mystik in ihren Beziehungen und Gegensätzen. Eine dogmengeschichtliche Untersuchung, Kempten und München 1912.

Bibel und Mythos. Ein Vortrag, München 1954.

Die Bildungsaufgaben der deutschen Katholiken. Rede auf der 57. Generalversammlung der Katholiken Deutschlands in Augsburg, 24. August 1910, in: Bericht über die Verhandlungen..., hg. vom Lokalkomitee, Augsburg 1910, S. 387 - 400. Neu hg. von M. Weitlauff, in: Joseph Bernhart. Erinnerungen 1881 - 1930. Zweiter Teil: Anmerkungen und Dokumente, Weißenhorn 1992.

Bonifatius. Apostel der Deutschen, Paderborn 1950.

Das Böse, in: Handbuch theologischer Grundbegriffe, hg. von H. Fries, Bd. 1, München 1962, S. 184 - 197.

Brannte nicht unser Herz, München 1957.

Chaos und Dämonie, München 1950, neu hg. von G. Schwaiger,

Weißenhorn ^{2}1988.
Da rief er ein Kind. Was Jung und Alt angeht, Freiburg 1962.
De profundis, Leipzig 1935, neu hg. von E. Biser, Weißenhorn ^{5}1985.
Erinnerungen. 1881 - 1930, hg. von M. Weitlauff, Weißenhorn 1992.
Erinnerungen. 1881 - 1930. Zweiter Teil: Anmerkungen und Dokumente, hg. von M. Weitlauff, Weißenhorn 1992.
Der Frankfurter. Eine Deutsche Theologie, übertragen und eingeleitet von Joseph Bernhart, Leipzig 1920.
Franz von Assisi. Der Verkünder der religiösen Armut, Lübeck 1932.
Franz von Assisi. Leben und Wort, 3., verbesserte Auflage München 1956.
Vom Geheimnis des ewigen Lebens, München ^{2}1960.
Sinn der Geschichte, in: Geschichte der führenden Völker, hg. von H. Finke/J. Junker/G. Schnürer, Bd. 1, Freiburg 1931, S. 1 - 143.
Gestalten und Gewalten. Aufsätze, Vorträge, hg. von M. Rößler, Würzburg 1962.
Joseph von Görres, Mystik, Magie und Dämonie. Die christliche Mystik in Auswahl, hg. von Joseph Bernhart, München und Berlin 1927.
Hodie, in: Hochland, Dezember 1939, erschienen in: Hochland 43 (1950/51), S. 105 - 114.
Der Kaplan. Aufzeichnungen aus einem Leben, München 1919, neu hg. von G. Schwaiger, Weißenhorn ^{3}1986.
Der Katholizismus, in: Literarischer Jahresbericht des Dürerbundes, begründet von F. Avenarius, München 1921, S. 1107 - 1116.
Die Kirche in der Auflösung der antiken Kultur, in: Die Kirche in der Zeitenwende, hg. von E. Kleineidam/O. Kuss, Die Kirche und die Welt. Beiträge zur christlichen Besinnung in der Gegenwart, Salzburg - Leipzig 1938, S. 91 - 134; Sonderausgabe Darmstadt 1964.
Die unbeweinte Kreatur. Reflexionen über das Tier, München 1961, neu hg. von G. Schwaiger, Weißenhorn ^{2}1987.
Joseph de Maistre, Vom Papste, übersetzt von M. Lieber, hg. von Joseph Bernhart, München 1923.
Meister Eckhart und Nietzsche. Ein Vergleich für die Gegenwart,

Berlin 1934.
Die Philosophische Mystik des Mittelalters von ihren antiken Ursprüngen bis zur Renaissance, München 1922.
Deutsche Mystiker, Bd. 3, Meister Eckhart, Kempten und München 1914.
Das Mystische, Frankfurt 1953.
Schwäbische Porträts, hg. von L. Wachinger, Weißenhorn 1984.
Thomas Morus, Weißenhorn 1979.
Thomas von Aquin, Summe der Theologie zusammengefaßt, eingeleitet und erläutert von Joseph Bernhart, Bd. 1, Stuttgart 1934. Bd. 2, Stuttgart 1935. Bd. 3, Stuttgart 1938.
Tragik im Weltlauf, München 1917, neu hg. von M. Weitlauff, Weißenhorn ^{2}1990.
Der Vatikan als Thron der Welt, Leipzig 1930; ab der zweiten Auflage unter dem Titel "Der Vatikan als Weltmacht".
Wissen und Bildung. Zwei Vorträge, München 1955.

2. Sekundärliteratur

ACKERMANN, Konrad, Der Widerstand der Monatsschrift Hochland gegen den Nationalsozialismus, München 1965.
Acta Sanctae Sedis (ASS), XXXVI, Rom 1904.
Acta Sanctae Sedis (ASS), XL, Rom 1907.
ADAM, Karl, Das Wesen des Katholizismus, Augsburg 1924.

BERNING, Vincent, Das Denken Herman Schells, Essen 1964.
BUONAIUTI, Ernesto, Le modernisme catholique, Paris 1927.
BURCKHARDT, Jacob, Weltgeschichtliche Betrachtungen, hg. von W. Kaegi, Bern 1947.

DENZLER, Georg, Priester und Frau. Joseph Bernharts Eheprozeß, in: Neues Hochland 66 (1974) S. 303 - 320.
DESCHNER, Karlheinz, Was halten Sie vom Christentum? Achtzehn Antworten auf eine Umfrage, München 1957.
DIBELIUS, Otto, Das Jahrhundert der Kirche, Berlin 1926.

FENDT, Leonhard, Die religiösen Kräfte des katholischen Dogmas, München 1921.
FEULING, Daniel, Katholische Glaubenslehre, Salzburg 1937.
FREUDENBERGER, Theobald (Hg.), Sebastian Merkle. Ausgewählte Reden und Aufsätze, Würzburg 1965 (= Quellen und Forschungen zur Geschichte des Bistums und Hochstifts Würzburg Bd. XVII).
FRIES, Heinrich, Die katholische Religionsphilosophie der Gegenwart. Der Einfluß Max Schelers auf ihre Formen und Gestalten. Eine problemgeschichtliche Studie, Heidelberg 1949.
FRISQUE, Jean, Die Ekklesiologie im 20. Jahrhundert, in: H. Vorgrimler/R. van der Gucht (Hg.), Bilanz der Theologie im 20. Jahrhundert, Bd. III, Freiburg 1970.

GERL, Hanna-Barbara, Romano Guardini. Leben und Werk, Mainz 1985.
GRAEFE, Steffen, Der gespaltene Eros. Platons Trieb zur "Weisheit", Frankfurt am Main 1989.
GUARDINI, Romano, Das Ende der Neuzeit. Ein Versuch zur

Orientierung, Basel 1950.
DERS., Vom Sinn der Kirche, Mainz 1922.

HEILER, Friedrich, Evangelische Katholizität. Gesammelte Aufsätze und Vorträge, Bd. 1, München 1926.

IRION, Ulrich, Eros und Thanatos in der Moderne. Nietzsche und Freud als Vollender eines anti-christlichen Grundzugs im europäischen Denken, Würzburg 1992 (= Epistemata. Würzburger Wissenschaftliche Schriften. Reihe Philosophie Bd. 101).

JEDIN, Hubert/REPGEN, Konrad (Hg.), Handbuch der Kirchengeschichte, Bd. 7: Die Weltkirche im 20. Jahrhundert, Freiburg 1979.

KARRER, Otto, Joseph Bernhart, in: Tendenzen der Theologie im 20. Jahrhundert. Eine Geschichte in Porträts, hg. von H.J. Schultz, Stuttgart-Berlin 1966, S. 187 - 193.
KEPPLER, Paul Wilhelm von, Wahre und falsche Reform, Freiburg ²1903.

LIPPERT, Peter, Die Kirche Jesu Christi, Freiburg 1924.
LOOME, Tomas Michael, Liberal Catholicism, reform catholicism, modernism. A contribution to a new orientation in modernist research, Mainz 1979.

MAASS, Fritz-Dieter, Mystik im Gespräch. Materialien zur Mystik-Diskussion in der katholischen und evangelischen Theologie Deutschlands nach dem Ersten Weltkrieg, Würzburg 1972 (= Studien zur Theologie des Geistlichen Lebens Bd. 4).
MICHELITSCH, Anton, Der biblisch-dogmatische "Syllabus" Pius' X. samt der Enzyklika gegen den Modernismus und dem Motu proprio vom 18. November 1907, Graz-Wien ²1908.
MILLER, Arthur Maximilian, Die Vorausgegangenen. Peter Dörfler und Joseph Bernhart. Begegnungen im Zeichen der Freundschaft, Memmingen 1973.
MUTH, Wulfried, Carl Muth, in: Christenleben im Wandel der Zeit, hg. von G. Schwaiger, Bd. 2: Lebensbilder aus der Geschichte des

Erzbistums München und Freising, München 1987, S. 247 - 265.
MÜHLEK, Karl, Dynamische Gemeinschaft. Zur Lehre Herman Schells von der Kirche, München-Paderborn-Wien 1973.

NEUNER, Peter, "Modernismus" und kirchliches Lehramt. Bedeutung und Folgen der Modernismus-Enzyklika Pius' X., in: Stimmen der Zeit 190 (1972) S. 249 - 262.
DERS., Alfred Loisy, in: Klassiker der Theologie, Bd. 2, hg. von H. Fries und G. Kretschmar, München 1983.

PARSCH, Pius, Liturgische Erneuerung. Gesammelte Aufsätze, Klosterneuburg 1931.
DERS., Volksliturgie. Ihr Sinn und Umfang, Klosterneuburg 1940.
PINSK, Johannes, Die Kirche Christi als Kirche der Völker, Paderborn 1935.
POULAT, Emile (Hg.), Alfred Loisy. Sa vie - son oeuvre, Paris 1960.
DERS., Histoire, dogme et critique dans la crise moderniste, Paris ^{2}1979.

REINHARDT, Rudolf (Hg.), Tübinger Theologen und ihre Theologie. Quellen und Forschungen zur Geschichte der katholisch-theologischen Fakultät Tübingen, Tübingen 1977 (= Contubernium, Beiträge zur Geschichte der Eberhard-Karls-Universität Tübingen 16).
RÖSSLER, Max, Joseph Bernhart, in: Lebensbilder aus dem Bayerischen Schwaben, Bd. 12, hg. von A. Layer, Weißenhorn 1980, S. 311 - 336 (= Veröffentlichungen der Schwäbischen Forschungsgemeinschaft Reihe 3, Bd. 12).
DERS., Rückblick auf jene, die Antwort wußten, Würzburg 1981.

SABATIER, Paul, Les modernistes, Paris 1909.
SABRA, George, Thomas Aquinas' Vision of the Church. Fundamentals of an ecumenical ecclesiology, Mainz 1989.
SCHÄFFLER, Albert, (pseudonym für Joseph Schnitzer), Die Enzyklika Pascendi Dominici gregis, in: Das Zwanzigste Jahrhundert 7 (1907) S. 497 - 500.
SCHEFFCZYK, Leo, Theologie in Aufbruch und Widerstreit. Die

deutsche katholische Theologie im 19. Jahrhundert, Bremen 1965.
SCHELL, Herman, Der Katholizismus als Prinzip des Fortschritts, Würzburg ³1897.
DERS., Die neue Zeit und der alte Glaube. Eine culturgeschichtliche Studie, Würzburg 1898.
DERS., Kleine Schriften, hg. von K. Hennemann, Paderborn 1908.
SCHIEL, Hubert, (Hg.), Franz Xaver Kraus. Tagebücher, Köln 1957.
DERS., Im Spannungsfeld von Kirche und Politik. Franz Xaver Kraus, Trier 1951.
SCHILSON, Arno, Perspektiven theologischer Erneuerung. Studien zum Werk Romano Guardinis, Düsseldorf 1986.
SCHMIDLIN, Josef, Papstgeschichte der neuesten Zeit, Bd. 2: Papsttum und Päpste gegenüber den modernen Strömungen. Pius IX. und Leo XIII., München 1934.
SCHMITZ, Rudolf Michael, Aufbruch zum Geheimnis der Kirche Jesu Christi. Aspekte der katholischen Ekklesiologie des deutschen Sprachraumes von 1918 bis 1943, St. Ottilien 1991 (= Münchner Theologische Studien, II. Systematische Abteilung Bd. 46) Dort auch weitere Lit.
SCHNEIDER, Reinhold, Reinhold Schneider - Leopold Ziegler. Briefwechsel, München 1960.
SCHOOF, Mark, Der Durchbruch der neuen katholischen Theologie. Ursprünge-Wege-Strukturen, Wien-Freiburg-Basel 1969.
SPAEL, Wilhelm, Das katholische Deutschland im 20. Jahrhundert, Würzburg 1964.
SPÖRL, Johannes, Philipp Funk, in: Historisches Jahrbuch 57 (1937) S. 1 - 15.
STÖCKLEIN, Paul, Joseph Bernhart. Erinnerungen aus den Jahren 1937 - 1946, in: Internationale Katholische Zeitschrift Communio 3 (1982) S. 183 - 193.

TRIPPEN, Norbert, Aus dem Tagebuch eines deutschen Modernisten. Aufzeichnungen des Münchner Dogmenhistorikers Joseph Schnitzer aus den Jahren 1901 - 1913, in: G. Schwaiger (Hg.), Aufbruch ins 20. Jahrhundert. Zum Streit um Reformkatholizismus und Modernismus, Göttingen 1976, S. 139 - 222.

DERS., Theologie und Lehramt im Konflikt. Die kirchlichen Maßnahmen gegen den Modernismus im Jahre 1907 und ihre Auswirkungen in Deutschland, Freiburg-Basel-Wien 1977.

WACHINGER, Lorenz, Joseph Bernhart. Leben und Werk in Selbstzeugnissen, Weißenhorn 1981.
WEITLAUFF, Manfred, "Modernismus" als Forschungsproblem. Ein Bericht, in: Zeitschrift für Kirchengeschichte 93 (1982) S. 312 - 344.
Ders., "Modernismus litterarius." Der "Katholische Literaturstreit". Die Zeitschrift "Hochland" und die Enzyklika "Pascendi dominici gregis" Pius' X. vom 8. September 1907, in: Beiträge zur altbayerischen Kirchengeschichte 39 (1988) S. 97 - 175.
WELTE, Bernhard, Zum Strukturwandel der katholischen Theologie im 19. Jahrhundert, in: Auf der Spur des Ewigen. Philosophische Abhandlungen über verschiedene Gegenstände der Religion und der Theologie, Freiburg-Basel-Wien 1965.
WENGER, Franziska, Ein Dankeswort an Joseph Bernhart und die Joseph-Bernhart-Gesellschaft, Mittelneufnach 1988.
WITTSTADT, Klaus, Der deutsche Episkopat und das Zweite Vatikanische Konzil bis zum Tode Papst Johannes XXIII., in: M. Weitlauff/K. Hausberger (Hg.), Papsttum und Kirchenreform. Historische Beiträge. Festschrift für Georg Schwaiger zum 65. Geburtstag, St. Ottilien 1990, S. 745 - 765.
WÖLFFLIN, Heinrich, Autobiographie, Tagebücher und Briefe: 1864 - 1945, hg. von J. Gantner, Basel 1982.

Einleitung

Die Klage über die metaphysische Atemlosigkeit dominiert den Schlußdialog von Werfels "Der veruntreute Himmel". Die Gedanken des gesamten Buches sind dort gleichsam verdichtend zusammengeschnürt: Das Fragen, das Suchen, das Ringen, ja auch das Berechnen des Menschen in der Zeit, der es fühlt, ahnt, weiß, schmerzlich spüren muß, daß er dort seine Erfüllung nicht finden kann. Es ist das Angehen gegen die "Geistesverfassung des ungegliederten Massenmenschen[1]", das den Autor und den Kaplan in diesem Dialog verbinden.

Die Kirche wird als das allergrößte Ereignis der gesamten bisherigen Menschengeschichte gesehen, die aber auch an Gott vorüber - wandelt.

In den Wirren der sich immer deutlicher abzeichnenden Ausbreitung der Diktaturen schreibt Werfel, der Liebhaber der katholischen Kirche, von der Außenseite her Sätze, die von zahlreichen seiner Zeitgenossen hätten ähnlich formuliert werden können; man denke nur an Gertrud von Le Fort, Reinhold Schneider, Werner Bergengruen, Romano Guardini.

Der Durst nach der Ewigkeit, der im Gedränge jener Zeiten besonders dringlich empfunden wurde, auf der einen Seite, das erfrischende, stillende Wasser, das man aus dem Felsen der Catholica quellen sah, auf der anderen nährte die Erwartungen bis in den politischen Bereich hinein: das Sehnen nach dem gewaltigen, unbeirrbaren, mahnenden Felsenmann.

---

[1] Werfel, Franz, Der veruntreute Himmel. Die Geschichte einer Magd, Stockholm 1939.

In der Reihe derer, die sich intensiv mit der Verwüstung des Menschenbildes auseinandersetzten, die aber auch die Atemlosigkeit und die polemische Schärfe in der Kirche nicht unberührt ließen, darf Joseph Bernhart nicht fehlen.
Wo würde sich deutlicher die Auseinandersetzung mit dem werdenden Gott, mit dem unpersönlichen Gott, mit der Vergottung der Massen und der Auslöschung des Individuums und seiner ewigen Bestimmung, mit der substanzlosen Betriebsamkeit zeigen als in seinen Aufsätzen und Büchern: Der Mensch, der in seiner Sinnsuche aus der Tiefe hinaufschreit.
Das Ringen mit dem Irrationalen in der Welt, dem sich der Mensch gegenübergestellt sieht, von dem er immer wieder zugeben muß, daß es doch aufgehoben sein muß, motiviert sein Denken. Das Ringen mit der innerkirchlichen Enge, Verteufelung, mit der Apologetik, das Ringen um Antworten für die drängenden Fragen der Menschen des zwanzigsten Jahrunderts kennzeichnet sein Schaffen zutiefst.
Er befragt Kräfte und Gestalten im Hinhören auf die Zeitgenossen, im Analysieren der politischen Kräfte, vor allem jene der Vergangenheit. Sein Fragen ist ein Befragen von Gestalten, ein Ausleuchten von Räumen - allerdings nicht mit der Grelle des Scheinwerfers, sondern mit dem diskreten Licht der Kerze.
"Ihre Kunst der Auslegung und der schriftstellerischen Gestaltung läßt das geistige Gefüge des katholischen Glaubens in seiner Größe, Tiefe, Herbheit und Fülle mit einer Deutlichkeit aufleuchten, daß nur böswillige Voreingenommenheit jene Welt des Geistes mit der Unterwelt abstruser Geistlosigkeit verwechseln kann."[2]

---

[2] Karl Pfleger, Rezension zu "De profundis" in: Literaturblatt der Frankfurter Zeitung, 68. Jg, Nummer 32a, 11.8.1935, S. 17.

Ein breites Spektrum von Fragen, Spannungen, Problemen des weltoffenen Katholiken des ausgehenden 19. und des 20. Jahrhunderts scheint in Joseph Bernhart wie in einem Brennspiegel gesammelt. Kräfte, die aufbrechen, bekämpft werden, die sich schließlich doch durchsetzen, Anforderungen des modernen Menschen an die Kirche, deren dogmatische Antwort, daneben die eines suchenden, ringenden Menschen: all dem begegnet man, wenn man sich mit Bernhart auseinandersetzt.
Es ist ein Stück kirchlicher Zeitgeschichte, mit der man konfrontiert wird, die faszinieren kann, denn schließlich sind die Fragen, mit denen die Kirche sich auf dem Zweiten Vatikanum konfrontiert sah, dieser schon über Jahrzehnte hinweg zugewachsen, wie auch die Antworten ihre Entwicklungsgeschichte haben.
Bernhart wußte sich als freier Schriftsteller auf die notwendige Resonanz kirchlicher Kreise auf seine Arbeit angewiesen. Aber nicht nur die Notwendigkeit, sondern gerade seine innerste Überzeugung ließen ihn im Raum der Kirche bleiben und schreiben. Die Darstellung von Bernharts Kirchenbild will Motivforschung sein für das Arbeiten eines Theologen in den Krisen, die das Aufeinanderzugehen von Kirche und moderner Welt auslöste, in der Auseinandersetzung mit den Fragen, die zwei Weltkriege und der Nationalsozialismus mit sich brachten, und nicht zuletzt in persönlichen Schwierigkeiten mit der Kirche.

Ziel ist das Kirchen**bild** Joseph Bernharts; das ist sofort zu unterstreichen, nicht nur weil Bernhart - zumindest auf den ersten Blick - kein System entworfen, keine Ekklesiologie geschrieben hat, sondern auch weil er primär ein poietischer Denker ist. Thema ist nicht eine Ekklesiologie in Detailfragen, sondern in einem "katholischen" Sinne. Wo Bernhart in den Katholizismus einführt, tut er dies mit

dem Bild eines Domes, in dem die sonntägliche Eucharistie gefeiert wird.
Thema ist mehr als nur eine katholische Weltanschauung, also eine Sicht - so zumindest hat das neuzeitliche Denken diesen Begriff verrückt -, die an persönliche oder, bleiben wir zeitgenössisch, volkliche, rassische oder geschichtliche Voraussetzung gebunden, von diesen bedingt ist. Um ganz knapp die Leitlinie und die Aufgabe anzuzeigen: Die Impulse, die Bernhart für den Menschen, besser: für den Christen und für die Kirche des 20. Jahrhunderts aus der Deutung der Geschichte, aus einer profunden Kenntnis der Tradition und einer innigen Verbindung mit dem kirchlichen Leben gegeben hat, sind herauszuarbeiten.
Ziel ist zweitens, das Kirchenbild **Bernharts** darzustellen, d.h. vom zeitgeschichtlichen und biographischen Kontext kann nicht ganz abgesehen werden.

Was Schilson in bezug auf die Ekklesiologie Guardinis festgestellt hat, gilt weithin auch für Guardinis Zeitgenossen Joseph Bernhart[3]. Beide geben sie, jeder von seiner Warte, Impulse für die Kirche und das Denken in und von der Kirche. Dabei entfalten sie beide keine systematische Ekklesiologie, d.h. um sie zu untersuchen, muß man sich auf Spurensuche im Gesamtwerk begeben, zumal auch keine oder kaum Vorarbeiten vorliegen.
Eine sehr gute Einführung in Bernharts Denken und zugleich einen Überblick über sein Gesamtwerk gibt die von Lorenz Wachinger zusammengestellte und kommentierte Anthologie zu Joseph Bernhart. Dort sind nicht nur die von Bernhart aufgegriffenen Themen in

---

[3] Vgl. Schilson, A., Perspektiven theologischer Erneuerung. Studien zum Werk Romano Guardinis, Düsseldorf 1986, S. 199.

ihrer Breite vorgestellt, sondern es wird auch der Bildungshintergrund und der rege Austausch mit Zeitgenossen aufgezeigt[4].
Die von Max Rößler geschriebene Biographie in den Lebensbildern aus dem Bayerischen Schwaben kann zur Erhellung dieses Themas kaum beitragen[5].
Dichte und prägnante Aussagen zu vielen der behandelten Aspekte lassen sich den unlängst von M. Weitlauff veröffentlichten und mit großer Akribie dokumentierten Erinnerungen Bernharts entnehmen. Außerdem bietet dieses Werk einen hervorragenden Einblick in den zeitgeschichtlichen Hintergrund[6].
Eine Einführung und erste Bewertung der wichtigsten Strömungen der Ekklesiologie der ersten Hälfte unseres Jahrhunderts bietet Rudolf Michael Schmitz in seiner Arbeit "Aufbruch zum Geheimnis der Kirche Jesu Christi"[7].

Bernharts leider noch verstreutes Gesamtwerk muß für die Bearbeitung herangezogen werden, da sich für das Thema relevante Aussagen in beinahe allen Schriften finden: die Auseinandersetzung mit der Kirche durchzieht sein Werk wie ein roter Faden. Bernhart kommt als ein von der Kirche Betroffener - auch in dreißigjähriger Exkommunikation - in keinem Werk an der Kirche oder die Kirche

---

[4] Wachinger, L., Joseph Bernhart. Leben und Werk in Selbstzeugnissen, Weißenhorn 1981.

[5] Lebensbilder aus dem Bayerischen Schwaben, hg. von A. Layer, Bd. 12, Weißenhorn 1980, S. 311 - 336.

[6] Erinnerungen. 1881 - 1930, hg. von M. Weitlauff, Weißenhorn 1992.

[7] Schmitz, R. M., Aufbruch zum Geheimnis der Kirche Jesu Christi. Aspekte der katholischen Ekklesiologie des deutschen Sprachraumes von 1918 bis 1943, St. Ottilien 1991 (= Münchner Theologische Studien, Systematische Abteilung, Bd. 46.)

tangierenden Fragen vorbei.
So war in erster Linie der Briefwechsel - vor allem mit Carl Muth, Joseph Schnitzer und Peter Dörfler - eine ergiebige Quelle, um den zeitgeschichtlichen Hintergrund, die Anregungen aus der Eingebundenheit in die Zeitsituation aufzuzeigen. Ekklesiologisch relevante Fragestellungen schneidet Bernhart an vielen Stellen in den Tagebüchern, den Konzepten und Fragmenten an, die in seinem Nachlaß in der Bayerischen Staatsbibliothek[8] liegen und zum größten Teil von seiner langjährigen Nachlaßverwalterin, Frau Franziska Wenger, in Maschinenschrift übertragen wurden.

Bernharts Kirchenbild ist mit seinem Leben verquickt. Wie sehr Bernhart selbst seine Arbeit als Auseinandersetzung in und mit seiner Zeit verstanden hat, unterstreichen nicht zuletzt seine Erinnerungen und Tagebücher. Das verlangt ein knappes Eingehen auf jene Entwicklungen, die unter dem Begriff "Reformkatholizismus" subsumiert werden. Schon an der Universität wird er mit einigen Vertretern vertraut, mit anderen steht er später in Verbindung. Ein erster Zugang zu unserer Thematik wird also der biographische und der zeitgeschichtliche Kontext sein.

Bernhart weiß um den Wert des Werdens, er denkt geschichtlich; er sucht die Geschichte auf ihren Sinn hin ab - und gelangt zur Kirche. Das Werden ist für ihn nur denkbar in bipolarer Spannung; sie auszutragen und aufzuheben, ist sein seelsorgerischer Impetus in der Beschäftigung mit Mystik. "*Das Gottgeheimnis ist die Sinnmitte*

---

[8] Unter der Signatur Ana 383.

seines ganzen Denkens und Fühlens", schreibt er von Augustinus[9]. Diese Aussage trifft genauso auf ihn selbst zu. Nicht zuletzt im Geisteskampf mit seiner Zeit will er Gott als den Garanten der Menschlichkeit des Menschen aufzeigen.
Auch Bernharts Denkwege müssen vorgestellt werden, um das Kirchenbild transparent werden zu lassen.

Auf diesem Hintergrund wird dann nach den zentralen Gehalten des Kirchenbildes zu fragen sein. Ausgangspunkt ist die Religion des Christentums der katholischen Kirche. Es sollen sich die Kapitel mit den zentralen Aussagen über das Wesen der gott-menschlich verfaßten Kirche anschließen.

---

[9] Joseph Bernhart, Gestalten und Gewalten. Aufsätze, Vorträge, hg. von Max Rößler, Würzburg 1962, S. 17. (Bei künftiger Zitierung nur noch: Gestalten und Gewalten)

I. Bernharts leidvolle Erfahrungen mit dem römischen Rechtssystem der Kirche: Ansätze eines biographischen Zugangs

Das apokalyptische Bild des ewigen Auges, vor dem das Buch aufgeschlagen liegt, ist ein Schlüssel für den Zugang zu Bernharts religiöser Welt. Allein deswegen, weil wir ein Gleichnis des richtenden Auges in uns tragen, nämlich das Gewissen, das Wissen des Menschen um Gut und Böse, ist der Mensch für Bernhart immer als ein homo religiosus zu verstehen.

Für ihn zu jeder Zeit Antworten auf die drängendsten Fragen zu versuchen, ist die Nabe seines Denkens.

Bernhart zeigt sich in allen seinen Werken als ein zuinnerst Betroffener - von der Situation der und in der Kirche, von den Fragen der Zeit. Angeregt wurde in ihm dieses Sensorium bereits im Elternhaus: der Bildungshunger des Vaters und die stille, einfache Frömmigkeit der Mutter, deren Wunsch es war, ihr Erstgeborener möge Priester werden[1]. Dieses erweckende Umfeld sollte ihm freilich später noch genügend innere Kämpfe bringen[2]. Doch bereits in der Kindheit

---

[1] "Sie war die naive Katholikin, die sich für Zeit und Ewigkeit in der Religion der Kirche geborgen wußte. Ihre Frömmigkeit aber hatte ihre menschliche Gütigkeit nicht verschüttet...." (Erinnerungen, S. 743)

[2] Nur unter heftigsten inneren Kämpfen habe er sich zur Priesterweihe durchzuringen vermocht, beteuert er Abt Ildefons Herwegen gegenüber. Und er habe dies getan, nicht zuletzt um den innigsten Wunsch seiner Eltern, vor allem seiner Mutter, zu erfüllen. Die Flucht in eine Art von Mental-Reservation war die Folge. (Bernhart in einem Brief an Abt Ildefons Herwegen am 15.3.1920, in: Denzler, G., Priester und Frau. Joseph Bernharts Eheprozeß, in: Neues Hochland 66 (1974) S. 303-320, hier: S. 313f.)

sind es nicht nur positive, auferbauende Bilder, die sein Verhältnis zum Bereich des Religiösen prägen. Noch in den Erinnerungen weiß er vom Schrecken des Religionslehrers der ersten Schuljahre zu berichten und von dem Bild des furchterregenden Auges Gottes mit dem Zusatz, daß Gott alles sehe. "*Die religiöse Erziehung, die der frühen Kindheit gefolgt war, hatte mehr versäumt und verdorben als erweckt und aufgebaut.*"[3]

Die Verhältnisbestimmung zur Kirche, ganz bewußt zur katholischen Kirche, begriff Bernhart als seine lebenslange Aufgabe. Einen Angriff auf die Kirche, die Bloßstellung von Unzulänglichkeiten als Selbstzweck, empfand er als zutiefst verletzend. Die Kirche war für ihn das Maß der Dinge, das Gut der Güter; so zumindest sieht Bernhart sich rückblickend in den "Erinnerungen", wenn er schreibt, was der Kirche entgegengestanden sei, habe ihn betrübt, und was der Kirche widersprach, hielt er für nicht in Ordnung[4].

Das Mitfühlen mit der tatsächlichen oder angeblichen Inferiorität der Katholiken im Kaiserreich mag ein Band gewesen sein, das ihn, mehr vom intellektuellen Bereich her, an die katholische Kirche gebunden hat, das andere, wohl stärkere Band war das des Gemütes. Und dieses Band wird ihn halten, aber auch einschnüren und schmerzliche Enge spüren lassen.

Sehr deutlich kommt dies in seinem 'autobiographischen Roman' "Der Kaplan" zum Ausdruck[5]. Scheinbar marginal werden in diesem primär poetischen Werk Bernharts die zentralen Fragen seines

---

[3] Erinnerungen, S. 52.

[4] Ebd., S. 52.

[5] Der Kaplan. Aufzeichnungen aus einem Leben, München 1919. Neu herausgegeben von G. Schwaiger, Weißenhorn 1986.

Denkens angeschnitten. Umgetrieben wird er von der Frage, ob er als Kaplan seiner Kirche den rechten Weg eingeschlagen habe; er, dem die Seelsorge im geistigen Bereich ohne Zweifel mehr zusagt als die alltägliche des Kaplan; er, der einen Hang zur Aisthesis hat[6], die ihm viel Eingefahrenes schmerzlich wie lebloses Gestein erscheinen läßt, die ihm Impetus ist, das Kirchenvolk nicht nur "gelernte Religion zu lehren"[7]; er, der die Kämpfe seiner Zeit in sich trägt, wie er sich in einem Brief an Elisabeth Nieland, seine spätere Frau, ausdrückt[8]. Es ist eine Auseinandersetzung, die nicht frontal angreift - das würde dem edlen Empfinden Bernharts widersprechen -, sondern Fragen stellt. Eine Auseinandersetzung nicht allein mit dem Denken, sondern mit seinem ganzen Erkennen, und darin kommt der Leidens- und Erleidensaspekt stärker zum Ausdruck als im bloßen Denken. Bernhart zeigt sich als im wahrsten Sinne des Wortes von der Kirche Betroffener, einer, der den inneren Hunger, den er verspürte, in der Kirche seiner Tage nicht gestillt fand.

Er weiß, daß er seinen eigenen Weg zu gehen hat:

"*Ich hoffte ein Mensch zu werden, der mit katholischen Gedanken an die neue Zeit herankommt, aber mit gleich gutem Willen auch das umgekehrte Werk vollbringt .... Ich hasse den Fortschritt ohne Glauben, ich hasse den Glauben ohne Fortschritt, weil ich die Kirche liebe als die einzige, was Sinn gibt unter der Sonne. Aber ich weiß*

---

[6] "Es steckt ein Grieche in mir, den nach Lust und Schönheit, Harmonie und Sonne hungert, der Meere von Wonne genießen möchte und doch tief fühlt, daß Geben, Opfern, Leiden seliger ist als alles sonst." (Erinnerungen, S.579)

[7] Joseph Bernhart, Schwäbische Porträts, hg. von Lorenz Wachinger, Weißenhorn 1984, S. 143; Bernhart trifft diese Feststellung in seinem Porträt des nahen Freundes Peter Dörfler.

[8] Erinnerungen, S. 438.

auch, daß die menschlich verwirklichte nie der göttlich gedachten gleichkommt. Und darin sehe ich ihren Lebensprozeß, denn alles Leben ist Werden aus dem Vergehenden heraus. Ich hasse all jenes Reformertum, das am Ende die christliche Forderung an den sinnlichen Menschen nur herabstimmt, ich mißtraue jeder Reform, die mir das Leben bequemer machte, ich kann nie irre werden an den grandiosen Härten des Evangeliums und liebe das Kreuz, in dem ich das Gesetz aller Geschichte erkenne. Aber ich weiß mich als Persönlichkeit, die mein Gott nicht vernichtet sehen will..., ich will ihm dienen mit jeder Zeile, die ich schreibe, und die geringe Kraft, die er in meine Hand gab, als Samen auf seinen Acker werfen."[9]

Bernhart ist primär ein poietischer Denker, er sieht auf die Gestalten in der Kirche und auf die Kirche in ihrer Gestaltlichkeit. Aus diesem Blickwinkel wird er der Falten und Runzeln im Gesicht der Mutter gewahr, aber ebenso in seiner Liebe zu ihr ihrer Schönheit.

Wenn er auch seit seiner Zeit im Georgianum die Enge der Kirche in all ihrer Schmerzlichkeit spürte, blieb ihm doch die Kirche unverändert "*geistige Heimat - er wußte zu unterscheiden! Am 2. Juli 1944 schrieb er - der Verfasser des Buches 'Der Vatikan als Thron der Welt' (1930) - in sein Tagebuch: 'Würde ich um der Kirche willen mein Leben lassen, so müßte ich zuvor noch bemerken: 'Aber nicht für den Vatikan!' Und das ganze Lebenswerk dieses profunden und überaus einfühlsamen Kenners der Geschichte und der Geistesgeschichte des Abendlandes und des Christentums, der in weitgespanntem Horizont philosophischer und theologischer, mystischer, historischer, kunsthistorischer und kulturkritischer, biographischer und ästhetischer Thematik sich zuwandte ... atmet den weiten Geist*

[9] Erinnerungen, S. 438f.

einer zweitausendjährigen christlichen Tradition..."[10]

In seiner wohl knappsten Definition der Kirche verwendet Bernhart die spätestens seit Bellarmin klassisch gewordene Vorstellung der Kirchenzugehörigkeit durch das Bekenntnis desselben Glaubens, durch die Teilnahme an denselben Sakramenten und die Unterstellung unter die von Gott bestellten rechtmäßigen Hirten - eine sichtbare Gemeinschaft der in Christo Erlösten[11].
Deutlich hebt er dort ab auf die beiden Seiten, nämlich die juristische und die mystische. Das Innere der Kirche ist die sakramentale Religionsgemeinschaft; das juristische Element leitet seine Sanktionskraft von dorther. Man sieht, wie mangelhaft die philosophische Abstraktion "Katholizismus" die Realität "Katholische Kirche" bezeichnet. Beide Seiten durchdringen sich; erst wenn man dies erfasse, gewinne man den Schlüssel für das Verständnis des weltgeschichtlichen Phänomens. Bernhart unterstreicht die Notwendigkeit beider Seiten, wird aber andererseits nicht müde zu betonen, wie wichtig ihre Ausgewogenheit ist.
In seiner Vorstellung des Katholizismus im Dürerbund weist er unter dem Abschnitt "Der Katholizismus als Formprinzip sozialer Gestaltungen und künstlerischer Ausdruckswelt"[12] auf das eindeutige dogmatische System der Welterklärung im Katholizismus hin, das eige-

---

[10] Manfred Weitlauff, Joseph Bernharts "Tragik im Weltlauf" im Spiegel seiner Biographie, in: J.B., Tragik im Weltlauf, hg. von M. Weitlauff, Weißenhorn 1990, S. 299f.

[11] Der Katholizismus, in: Literarischer Ratgeber des Dürerbundes, München 1919, Sp. 385 - 416, hier: S. 394.

[12] Dürerbund, S. 414.

ne philosophische Zeugungen heute nicht mehr aufzuweisen habe, da es in seinen logischen Grundlagen autoritativ gebunden sei, das an der autonom gewordenen Wissenschaft nur aus Gründen der Apologie und der Opportunität mitarbeite "*und dies weniger mit positivem Willen zur Forschung als durch das wachsame Gewährenlassen der geistigen Arbeit seiner Bekenner*", die die von der Autorität gesteckten Grenzen zu respektieren haben. Die beiden Felder, auf denen noch in stärkerem Maße Eigeninitiative möglich bleibe, seien das soziale und das künstlerische, da dort die Kollision mit der Lehre geringer sei. Doch auch hier war der Katholizismus in der Vergangenheit beweglicher und formgebender, in der Gegenwart hingegen "*walten Wunsch und Wille der kirchlichen Wach- und Vollzugsorgane*" auch in diesen Bereichen.
Mit dem Referat dieser kurzen Skizze wird bereits deutlich, wo Bernhart das autoritative Reglement am schmerzlichsten als einengend empfand: in der Begegnung des Christentums mit der Kultur der Gegenwart. Die Fragen der Gegenwart lassen sich von der Kirche nicht mit Abwehrstellung, sondern nur in der Auseinandersetzung beantworten[13]. Es geht darum, neue, bessere Bahnen zu finden als die der machtvollen Abwehrstellung: der erst beginnende Kampf zwischen der kirchlichen Theokratie des Mittelalters, die in der jüngsten Kodifizierung des Kirchenrechts[14] nochmals eine feierliche Besiegelung erfahren habe und den modernen Ideen.
Wenn Bernhart dann summarisch auf das "Hochland" verweist, so ist sein eigenes Umfeld angedeutet: Bereits während seiner Zeit im Georgianum empfand er nach Ausweis seiner Erinnerungen die

---

[13] Vgl. ebd., S. 416.

[14] Bernhart meint den Codex Iuris Canonici des Jahres 1917.

Lektüre des "Hochland" als ein tiefes Aufatmen. Mit dem Herausgeber dieser Zeitschrift, Carl Muth, verband ihn Freundschaft bis zu dessen Tod. Beide beschäftigte das Anliegen, die katholische Literatur auf die Höhe der Zeit zu bringen[15]. Gerade in der Zeit der Auseinandersetzung mit dem Nationalsozialismus war Bernhart mit seinen Beiträgen unerschrockener Mitarbeiter.
Philosophen, Theologen, Literaten, die ein Zwiegespräch mit modernen Gedankenbewegungen anstrebten, sind in Bernharts engerem Bekanntenkreis zu finden. Ihnen war in der Regel die Anhänglichkeit an die katholische Kirche und die Mißbilligung des Druckes, mit dem Rom die Neuscholastik durchzusetzen versuchte, gemein. Die Öffnung, der Aufbruch sollte beleben und bereichern. Die Universalität und die Weite, eben ihr Verständnis der Katholizität wurde herausgestrichen.
Nach dem Überwiegen dogmatischer Fragestellungen, dann der Dringlichkeit der sozialen war die kulturelle die dritte bedeutende Frage im ausgehenden 19. und beginnenden 20. Jahrhundert. Auch die Frage nach der Kunst hat nach Bernhart als ein Stück der sozialen Frage zu gelten, ist es doch ein Grundanliegen der Kultur, den Menschen zu vervollkommnen.
Anlage und Bestimmung des Menschen ist ein geistig-sittliches Verhältnis zu Gott; Ausgangspunkt der Überlegungen ist der homo religiosus. Es geht nicht um eine Kunst um der Kunst willen, das schöne Behagen allein kann niemals Zweck dieses Lebens sein. Wie Natur und Wissenschaft ihr gottesdienstliches Werk verrichten sollen, so ist auch das Ziel der christlichen Kunst Gott. Ihr wesentliches Merkmal ist, daß sie über den natürlichen Bedingungen noch

---

[15] Vgl. dazu etwa: Carl Muth, Steht die katholische Belletristik auf der Höhe der Zeit?, München 1897.

eine höhere Ordnung weiß. Damit kann jene Spannung entstehen, die die Kunst als dramatisches Element leben läßt.
Bernhart fragte in seiner aufsehenerregenden Rede auf dem Katholikentag in Augsburg 1910[16], ob die katholische Innenwelt in den bisherigen zwei Jahrtausenden Schaffens und Bildens sich erschöpft habe. Bereits im ersten Teil seiner Ausführungen hatte er dies verneint, als er feststellte, daß das, was menschlich wertvoll sei an der modernen Kultur, sich auch von Christus gesegnet wissen dürfe. Weltliche Kultur und Religion bedeuten nicht ohne weiteres eine Harmonie, aber die feindselige Spannung zwischen der rein materiellen Kultur und der Religion ist der Menschheit zum Segen.
Bernhart sieht in der Kultur seiner Gegenwart nicht nur materielle, sondern auch Gotteskräfte, schließlich sei der Grundzug der Zeit das Suchen. Hier müsse der Katholizismus ansetzen mit seiner Bildung des Menschen, die ihn auf den Grund der Welt schauen läßt, mit seiner göttlichen Antwort auf die ewig unzerstörbaren Bedürfnisse der Menschenseele.
Markante Keime zeigen sich bereits beim jungen Bernhart; das mag auch die Fragment bleibende biographische Skizze rechtfertigen. Wie seine Fragen, sein Denken auch von der Zeitsituation mit geprägt werden, will das folgende Kapitel andeuten.

[16] Die Bildungsaufgaben der deutschen Katholiken. Rede auf der 57. Generalversammlung der Katholiken Deutschlands in Augsburg, 24. August 1910, in: Bericht über die Verhandlungen..., hg. vom Lokalkomitee, Augsburg 1910, S. 387 - 400.

II. Ein Blick auf den zeitgeschichtlichen Hintergrund

1. Um die Aussöhnung von Kirche und Kultur. Ein Versuch zwischen zwei Fronten.

"*Das Christentum kann, darf und will sich auch nach den gewaltigen Fortschritten der Wissenschaft der Aufgabe nicht entziehen, mit den Mitteln der Vernunft den ewigen Wahrheitsgehalt klar und rein aus allen menschlichen Formen herauszustellen und der einsichtigen Überzeugung zu vermitteln. Gegen die Wahrheit kann ja schließlich doch nichts ankommen, auch das klügste System nicht. Daß eine vollkommene Gleichung sei zwischen Wahrheit und Offenbarung, ist ein Grundsatz des Glaubens; diese Gleichung als tatsächlich vorhanden so gut als möglich nachzuweisen, ist eine Aufgabe, die nur von der theologischen Wissenschaft gelöst werden kann.*"[17]

Papst Leo XIII. hat versucht - so unterstreicht es Schmidlin in seiner Papstgeschichte[18] -, das moderne Leben für die Kirche zu gewinnen, mit ihr auszusöhnen und das christliche Leben zu modernisieren. Deutlichsten Niederschlag fand dieses Bestreben in der Enzyklika "Inscrutabili Dei" vom 21. April 1878. Grundlage ist eine negative Wertung der Zeitsituation; das kommt zum Ausdruck, wenn der Papst schreibt, er müsse zusammen mit den Bischöfen den gefähr-

---

[17] Schell, Herman, Der Katholizismus als Prinzip des Fortschritts, Würzburg ^{3}1897, S. 37.

[18] Schmidlin, Josef, Papstgeschichte der neuesten Zeit, Band 2 Papsttum und Päpste gegenüber den modernen Strömungen. Pius IX. und Leo XIII., München 1934, S. 393

lichen Kampf dieser Zeiten für die Kirche Gottes und das Seelenheil tragen[19]; die Vertreter der Zeit stürzten die obersten Wahrheiten um und täuschten, sie seien unausfüllbar begierig nach den Dingen, die im Fluß sind, und würden die ewigen vergessen. Der Papst geht dann auf die Erziehung und Wissensvermittlung ein und beklagt jene schlimme Form der Freiheit, alles Mögliche zu lehren und ins Volk zu bringen[20]. Nachdem er die Bedeutsamkeit der Aufgaben der Bischöfe und des Papstes in dieser Zeit beschrieben hat, lenkt er den Blick auf die civilis humanitas[21]. Ihr Fundament habe sie in den ewigen und unveränderlichen Anfangsgründen der Wahrheit. Es folgt denn auch eine zuordnende Standortbestimmung: die Kirche ist es gewesen, die den Völkern durch die Verkündigung des Evangeliums das Licht der Wahrheit aufgesteckt hat; die Wissenschaften und Künste hat sie unter ihren Schutz genommen, oder sie sind unter ihrem Schutz entstanden. Die Enzyklika fährt fort, daß, wenn auch die Künste und Wissenschaften aus dem Dienst der Kirche hervorgegangen seien, deren Früchte doch Werke und Schmuckstücke der civilis humanitas seien. So schrecke die Kirche Christi nicht vor dieser humanitas zurück und verwerfe sie auch nicht[22].

Jene Art der humanitas civilis aber, die sich den Lehren und Gesetzen der Kirche widersetze, sei nichts anderes als eine lächerliche und nichtige Gestalt; der bürgerliche Kultus verdiene diesen Namen nicht. Die Völker stürzten in dieser Zeit, die voll sei von Verwirrun-

[19] ASS, Bd. 10, S. 585.

[20] Ebd., S. 586.

[21] V.a. S. 586f.

[22] Ebd.

gen und Zerstörungen, ins Verderben[23]. So kommt folgerichtig gegen Ende des Rundschreibens der Appell an die Bischöfe und Fürsten, Meinungen, die in Opposition zu den Dokumenten der Kirche stehen, zu verwerfen[24] - Leo rekurriert dabei auch ausdrücklich auf die von seinen Vorgängern ausgesprochenen Verwerfungen[25]. Zu diesem Ziel müsse in den einzelnen Wissenschaften und Disziplinen nicht nur die geeignete Methode der Unterweisung angewendet werden, sondern am wichtigsten sei eine dem katholischen Glauben in allem konforme Unterweisung selbst - und zwar besonders in der Philosophie, von der zu einem großen Teil der rechte Sinn der übrigen Wissenschaften abhänge; die Philosophie habe nicht den Sturz der göttlichen Offenbarung herbeizuführen, sondern ihr den Weg zu bereiten[26].

In dieser Enzyklika wird die Tendenz sichtbar, in zwei Lager einzuteilen, sie einander gegenüberzustellen, doch in den Tönen weit moderater als vorausgehend bei Pius IX., eher dem Versuch auszugleichen zugeneigt. Durchdrungen von humanistischer Bildung versuchte Leo XIII., die christliche Weltanschauung auf spekulative Vernunft und positive Geschichte zu gründen. Er darf damit als ein wichtiger Vertreter in den Versuchen um die Aussöhnung von Kirche und moderner Kultur, einem Hauptanliegen der nächsten Jahre und der zentralen Forderung des Reformkatholizismus, angesehen

---

[23] Ebd., S. 587.

[24] Ebd., S. 590.

[25] Vgl. dazu v.a. Acta Pii IX, III, S. 687 - 717.

[26] ASS, Bd. 10, S. 590.

werden[27].

Mit der Andeutung dieser Gedanken sind die Grundzüge der Fragen und Probleme der folgenden Jahrzehnte angezeigt.

In Deutschland stehen am Beginn der ersten Phase des Reformkatholizismus eine ganze Reihe von Reformschriften.

Der Herausgeber der Zeitschrift "Renaissance", der Bamberger Priester Joseph Müller, dürfte mit seinem 1898 erschienen Buch "Reformkatholizismus, die Religion der Zukunft" der Bewegung den Namen gegeben haben.

Franz Xaver Kraus[28], der Freiburger Kirchen- und Kunsthistoriker, focht seinen Kampf gegen Ultramontanismus und Neuscholastik vor allem in den "Spectator-Briefen" aus[29].

Weite und tiefe Kreise zogen Schells Reformschriften: 1897 erschien "Der Katholizismus als Prinzip des Fortschritts", ein Jahr später "Die neue Zeit und der alte Glaube".

Albert Ehrhard, der Straßburger Kirchenhistoriker[30], wandte sich in seinen Werken "Der Katholizismus und das 20. Jahrhundert" (1901) und "Liberaler Katholizismus" (1902) gegen die Betrachtung des

---

[27] Auch Bernhart spricht vom Geist der Versöhnung zwischen Papsttum und modernem Staat, der vom Leopontifikat ausgehe. Vgl. Der Vatikan als Weltmacht, S. 328 - 332. Auf diesen wenigen Seiten wird viel von Bernharts Sympathie für diese Papstgestalt spürbar.

[28] Schiel, Heinrich, Im Spannungsfeld von Kirche und Politik. Franz Xaver Kraus, Trier 1951. Ders. (Hg.), Franz Xaver Kraus. Tagebücher, Köln 1957. Weber, C. (Hg.), Liberaler Katholizismus. Biographische und kirchenhistorische Essays von Franz Xaver Kraus, Tübingen 1983 (=Bibliothek des Deutschen Historischen Instituts in Rom, Band 57).

[29] Als Beilage der Allgemeinen Zeitung von 1895 - 1899 erschienen.

[30] Vgl. Trippen, Norbert, Theologie und Lehramt im Konflikt, Freiburg-Basel-Wien 1977, S. 110 - 125.

Mittelalters als Höhepunkt der religiösen Entwicklung.
Joseph Schnitzer, der Münchner Dogmen-, dann Religionshistoriker[31], gab in der "Internationalen Wochenschrift" vom 1. Februar 1908 Antwort auf "Die Enzyklika Pascendi und die katholische Theologie".
"Kritische Gedanken über die innerkirchliche Lage" (2 Teile, 1902-/04) veröffentlichte Otto Sickenberger; er vermißt die praktische Vernunft im katholischen Leben und Wirken und prangert den Antiprotestantismus im katholischen Bereich an.
Speziell um die Wiederbegegnung von katholischem Glauben und moderner Kultur ging es Carl Muth mit seiner Schrift "Steht die katholische Belletristik auf der Höhe der Zeit" (1897). Muth verneint seine Frage mit der These von der kulturellen Inferiorität der Katholiken. "Die literarischen Aufgaben der Katholiken" beschäftigen ihn 1899; mit dem von ihm gegründeten "Hochland" (ab 1903) wird er eine angesehene, aber nicht unumstrittene Plattform für diese Aufgaben schaffen.
Neben den Büchern bildeten Periodika ein wichtiges Medium für die Entwicklung und Darlegung der neuen Ideen. Carl Muths "Hochland" und Joseph Müllers "Renaissance" wurden bereits erwähnt; hinzuweisen ist daneben auf "Das Zwanzigste Jahrhundert", später dann unter dem Titel "Das Neue Jahrhundert", zuletzt als "Freie deutsche Blätter" erschienen, das sich selbst als Organ der deutschen Modernisten sah.
Einen lockeren Zusammenschluß ähnlich Gesinnter bildete die 1904 gegründete "Krausgesellschaft". Diese "Gesellschaft für den Fortschritt der Religion und der Kultur" setzte sich vor allem die Unabhängigkeit der Wissenschaft zum Ziel, hinzu kam eine antirömi-

[31] Ebd., S. 268 - 402.

sche Voreingenommenheit[32]. Einen Keim zu dieser Gesellschaft kann man bereits in der Aktivität im Oktober 1902 erkennen: Freunde der Wochenschrift "Das zwanzigste Jahrhundert" luden zu einer Versammlung in München in die "Isarlust" ein, auf der Herman Schell über Fragen der Reform des Katholizismus sprach. Eine sehr einfühlsame Schilderung dieser Atmosphäre, der offenkundigen Differenz der Sichtweisen und der Anliegen zwischen dem Redner und den Veranstaltern - damit ist es ein deutliches Beispiel für die Pluriformität dessen, was mit dem Sammelbegriff Reformkatholizismus belegt wird - findet sich in Bernharts Erinnerungen[33]: "*Die Aufforderung, in der Versammlung zu sprechen, hatte Schell in große Verlegenheit gebracht. Der Kreis, der ihn rief, bekannt durch seine Agitation gegen den Ultramontanismus und das Zentrum, gefiel ihm weniger als diese Leute glaubten, andererseits wollte er nicht als Feigling erscheinen, der im Kampfe um den Fortschritt zu einem neuen Geist in der Kirche seine Fahne fortwirft. Das Odium des mehrfach Indizierten, der dem vulgären Bewußtsein als Häretiker erschien, drückte auf die Freiheit seiner Entfaltung, die von Grund aus auf das Beste der Kirche gerichtet war.*"
Die Reaktion der kirchlichen Hierarchie war in vielen Fällen die Indizierung.
Neue Konflikte deuteten sich bereits mit der Antrittsenzyklika Papst Pius' X. vom 4. Oktober 1903 an: Der Papst spricht von einem kranken Abfallen von Gott, von einem Krieg, der überall gegen Gott geführt werde[34]. Der Glaube dürfe durch die Fortschritte des Wis-

---

[32] Zur Krausgesellschaft vgl. Das Neue Jahrhundert 6 (1914) S. 265 - 271.

[33] Erinnerungen, S. 198f.

[34] ASS, Bd. 26, Rom 1904, S. 130f.

sens nicht ausgelöscht werden, sondern das Nichtwissen, das zum Glaubensdefekt führe, müsse durch das Evangelium und die Religionsdisziplin vermindert werden[35]. Mit einer innigen und intensiven Frömmigkeitspraxis wollte der neue Papst alles in Christus erneuern. Die Gefahr einer Kollision mit den Vertretern des Reformkatholizismus liegt in der Methode.

Wunden riß bereits 1902 eine Rede des Rottenburger Bischofs Keppler. Ein Jahr zuvor hatte er Ehrhards Buch "Der Katholizismus und das 20. Jahrhundert" das Imprimatur erteilt, wenn er auch unterstrich, daß er in manchen Punkten anderer Anschauung als der Verfasser sei[36]. Nachdem jedoch das Werk neben der Zustimmung in den auf Öffnung hin tendierenden Kreisen auch breite Kritik erfahren hatte, fühlte sich Keppler mitverantwortlich. Am 1. Dezember 1902 hielt er vor dem Klerus seines Bistums eine Rede über "Wahre und falsche Reform"[37]. Spael schreibt von Befremden und Staunen, mit dem diese Rede von der Öffentlichkeit aufgenommen worden sei[38]. Mit Schlagworten und Kampfparolen versuchte der Bischof in das Gefecht einzugreifen[39]. Dieser Versuch mußte ein

---

[35] Ebd., S. 136.

[36] Vgl. Spael, Wilhelm, Das katholische Deutschland im 20. Jahrhundert, Würzburg 1964, S. 163.

[37] Keppler, Paul Wilhelm von, Wahre und falsche Reform, Freiburg ^{2}1903.

[38] Spael, S. 165.

[39] "Da fielen Worte, wie nasse Schläge vom "Margarinekatholizismus", vom "Christentum für den Mindestbietenden", vom "Salonchristentum", vom "Reformsimpel", vom "Zwischenkatholizismus". Die "Glaubensfülle läßt sich nicht mit Kultursirup versüßen". Das Problem Kirche und Kultur war auf die einfachste Formel gebracht: "Äußerlich grob, innerlich edel ist der Geist des Mittelalters; äußerlich kultiviert, innerlich gemein ist der Geist der Moderne..."" (Spael, S. 165).

Schritt sein, die Debatte in seichte Gewässer zu ziehen.
Genau in diese Richtung ging fünf Jahre später das Dekret "Lamentabili" des Heiligen Offizium vom 3. Juli 1907 und die am 8. September folgende Enzyklika "Pascendi dominici gregis" mit ihrem Syllabus[40].
Wiederholt wurde in der Literatur darauf verwiesen, daß das Bild des Modernismus, das mit diesem päpstlichen Rundschreiben entworfen wurde, nicht mehr als eine verzerrende Systematik darstellt, für die das oben zitierte Wort Schells gilt, daß gegen die Wahrheit auch das klügste System nicht ankomme[41].
Dennoch bleibt es interessant, die römische Beurteilung des katholischen Denkens und Lebens um die Jahrhundertwende kurz zu betrachten[42]. Am 3. Juli 1907 publizierte die Indexkongregation das Dekret "Lamentabili"; 65 Einzelsätze wurden darin als häretisch bezeichnet und verurteilt[43]. Systematisch zusammengefaßt wurden

---

[40] Vgl. Padinger, Franz, Die Enzyklika "Pascendi" und der Antimodernismus, in: Christliche Philosophie im katholischen Denken des 19. und 20. Jahrhunderts, hg. von E. Coreth, W. Neidl, G. Pfligersdorfer, Band 2: Rückgriff auf scholastisches Erbe, Graz-Wien-Köln 1988, S. 349 - 361.

[41] Vgl. dazu Aubert, Roger, in: Handbuch der Kirchengeschichte, VI/2, hg. von H. Jedin, Freiburg-Basel-Wien 1973, S. 435 - 437.
Trippen, Norbert, Theologie und Lehramt, S. 17 - 19.

[42] Als Hintergrund, auf dem es nach den wirklichen Absichten der Neuerungsbewegung in der katholischen Kirche, nach ihrer Vielfalt, ihren unterschiedlichen Ausprägungen zu fragen gilt, als Hintergrund, vor dem auch manches Ringen, mancher Spott und manche Verbitterung der wirklich oder oft nur scheinbar Betroffenen verständlicher wird, mag die inhaltliche Darstellung dieses päpstlichen Rundschreibens ihren Dienst tun, nicht aber als Rahmen für den Historiker, dessen Aufgabe in diesem Fall sein muß, die Vielschichtigkeit und Pluriformität eines Phänomens deutlich werden zu lassen.

[43] ASS, Bd. 40, 1907, S. 470 - 478. Denzinger-Schönmetzer, [36]1976, Nr. 3401 - 3466, S. 669 - 674.

diese Sätze in der Enzyklika vom 8. September 1907[44].
Zu Beginn der Enzyklika umschreibt der Papst seine Aufgabe, wenn formuliert wird, er müsse das Glaubensgut, das der Kirche anvertraut sei, vor sprachlichen Neuerungen und vor den Widersprüchen der falschen Wissenschaft bewahren[45]. Damit kommt indirekt bereits der Vorwurf gegen die Modernisten zum Ausdruck. Deren Überzeugungen werden in den §§4-26 dargestellt und analysiert. Die wichtigsten Vorwürfe seien hier aufgegriffen: Religion nehme nach Meinung der Modernisten ihren Ausgang aus der Erfahrung im Innern des Menschen; die äußere Offenbarung werde ihres Stellenwertes beraubt, die Enzyklika spricht in §4 gar von Agnostizismus. Der Verstand müsse in dem so verstandenen Kontext des Glaubens lediglich die Erfahrung ordnen und zum Ausdruck bringen. Die Dogmen seien nicht absolute, unwandelbare Wahrheit des Glaubens, sondern nur noch zeitabhängige Symbole.
Da der Glaube auf die innere Erfahrungswelt beschränkt werde, könne Gott nur im Gemüt der Gläubigen existieren, die Religionen würden nivelliert. Nach §10 der Enzyklika vertreten die Modernisten eine strikte Dichotomie von Glaube und Wissenschaft. Glaube und Wissenschaft stünden einander fremd gegenüber; notfalls müsse sich der Glaube der Wissenschaft unterordnen, da die Priorität bei ihr liege. Ähnlich sähen die Modernisten das Verhältnis zwischen Staat und Kirche; die Suprematie der Kirche gegenüber dem Staat sei ein

---

[44] ASS, Bd. 40, S. 593 - 650. DS, Nr. 3475 - 3500, S. 675 - 683.
Die Übersetzung der Enzyklika bei Michelitsch, Anton, Der biblisch-dogmatische "Syllabus" Pius' X. samt der Enzyklika gegen den Modernismus und dem Motu proprio vom 18. November 1907, Graz-Wien ^{2}1908. - Vgl. dazu Neuner, Peter, "Modernismus" und kirchliches Lehramt. Bedeutung und Folgen der Modernismus-Enzyklika Pius' X., in: Stimmen der Zeit 190 (1972) S. 249 - 262.

[45] §§1-3.

Faktum der Vergangenheit, Trennung von Staat und Kirche werde als der gangbare Weg angesehen, ja in zeitlichen Dingen müsse sich die Kirche gar dem Staat unterordnen[46].
Dogmen seien für den Modernisten nur Medium, entsprungen "*dem Bedürfnisse und dem Drange, den der Gläubige empfindet, seine religiösen Gedanken zu verarbeiten, um so sein eigenes Bewußtsein und das der anderen mehr und mehr aufzuklären*". Seine Anerkennung finde das Dogma durch die Zustimmung des allgemeinen Bewußtseins.
Ebenso wie die Dogmen hätte auch die Liturgie ihren Ursprung nicht in der Stiftung Christi, sondern entspränge menschlichem Bedürfnis: "*Die erste Notwendigkeit ist, der Religion einen sichtbaren Leib zu geben, die zweite, sie zu verbreiten, woran man nicht denken könnte ohne sichtbare Formen und heiligende Handlungen, die man eben Sakramente nennt. Die Sakramente sind für die Modernen reine Zeichen oder Symbole, allerdings ausgestattet mit einer Wirksamkeit.*"[47]
Die Kirche ist ein Gewächs, entsprungen dem Organisationsbedürfnis der Gläubigen. Glaubensinhalt und Frömmigkeitsformen seien nach Ansicht der Modernisten der Entwicklung unterworfen.
Das modernistische Geschichtsbild, die Anwendung der textkritischen Methode an der heiligen Schrift und das Apologieverständnis der Modernisten thematisieren die folgenden Paragraphen. Danach verweist die Enzyklika darauf, daß nach dem Verständnis der Modernisten viele Irrtümer und Widersprüche in den Dogmen lägen, daß die katholische Religion von heute nicht dieselbe sei, die Chri-

---

[46] §15.

[47] §12.

stus gestiftet habe und schließlich daß die Bibel, die nur ein religiöses und sittliches Buch sein wolle, in wissenschaftlicher Hinsicht zahlreiche Irrtümer enthielte. Der §26 greift wiederum die alle Bereiche des Katholizismus berührende Reformsucht der Modernisten an[48].

Die folgenden drei Paragraphen (27-29) sind der Kritik des Modernismus vorbehalten. Mit ihrem geringen Gehalt und ihrer scharfen Kritik stießen sie besonders in Deutschland auf Unverständnis und Ablehnung; sie prägten stark das negative Gesamturteil über die Enzyklika[49]. Noch einmal wird ausdrücklich unterstrichen, daß der Modernismus sehr wohl ein geschlossenes System sei, ja als solches sei er als der "Inbegriff aller Häresien" anzusehen. Modernisten seien schließlich nicht nur eine Gefahr für das Christentum, sondern für jede Religion.

Der §28 führt die Ursachen des Modernismus an. Die hauptsächliche liege in einer falschen Geistesrichtung; dazu gesellten sich Neugierde, Hochmut und Unwissenheit.

Trippen stellt fest, daß die Erläuterungen zu diesen Behauptungen im Stile einer nicht sehr hochstehenden Erbauungsliteratur gehalten seien. Sie würden damit dem wissenschaftlichen Ernst und der moralischen Integrität derer, die als Modernisten bezeichnet worden sind, in keiner Weise gerecht[50].

An die Bischöfe erging in der Enzyklika die Anweisung, diesen hochmütigen Menschen das Handwerk zu legen und ein besonderes Augenmerk auf die Kandidaten in den Seminaren zu werfen: "*...die-*

---

[48] Vgl. Michelitsch, S. 329.

[49] Vgl. dazu Trippen, Theologie und Lehramt, S. 26.

[50] Ebd.

jenigen, bei denen ihr den Geist des Hochmuts festgestellt habt, sollt ihr mit aller Energie vom Priestertum fernhalten."[51]

§29 bündelt inhaltlich die Hauptvorwürfe an die Adresse der Modernisten, wenn er ihnen den Kampf gegen die scholastische Philosophie, gegen die Autorität der Kirchenväter und der Tradition und gegen das kirchliche Lehramt anlastet[52].

Um gegen die Modernisten vorgehen zu können, sollte u.a. die Bücherzensur verschärft werden; für jedes Bistum war die Einsetzung offizieller Zensoren vorgesehen[53]. Priester konnten nicht mehr die Schriftleitung von Zeitschriften und Zeitungen übernehmen, ohne vorher die Erlaubnis des Bischofs eingeholt zu haben. Der besonderen Überwachung bedürften vor allem jene Priester, die bei modernismusverdächtigen Zeitungen oder Zeitschriften tätig seien.

Den Bischöfen wurde endlich vorgeschrieben, ein Jahr nach Erlaß dieser Maßnahmen, später dann jeweils im Abstand von drei Jahren, Bericht über den Erfolg der vorgeschlagenen Maßnahmen zu erstatten.

Auf heftige Kritik, ja geradezu bissigen Spott traf vor allem der vorgesehene Diözesanaufsichtsrat[54]; der Münchner Dogmenhistoriker Joseph Schnitzer etwa, um nur ein Beispiel herauszugreifen,

---

[51] Vgl. Michelitsch, S. 330 - 339.

[52] Vgl. Trippen, Theologie und Lehramt, S. 27: "Mit diesem Satz der Enzyklika wurde für die Zukunft jeder zum Modernismusverdächtigen gestempelt, der die damalige Überbewertung der Scholastik an der Kurie in Frage stellte."

[53] Vgl. zur Darstellung der "Disziplinarmaßnahmen gegen widerspenstige Modernisten"(§32) die Paragraphen 32 - 37.

[54] Vgl. Trippen, Theologie und Lehramt, S. 29.

nannte ihn "Wach- und Schließgesellschaft"[55].
Für Deutschland erreichten die Bischöfe mit einem Antrag die Ausnahme von dieser Bestimmung.
Fortschrittlichere Kreise in der Kirche, der kirchenfeindliche Liberalismus und zuweilen auch protestantische Stimmen sahen die Enzyklika als einen Aufweis der kulturellen und theologischen Rückständigkeit Roms. Orthodox-kirchliche Kreise hingegen begrüßten sie als ein längst fällig gewesenes Dokument[56].
Der Papst befürchtete, allein mit dieser Enzyklika den Modernismus noch nicht in den Griff bekommen zu können. Deshalb erließ er mit dem Motuproprio "Sacrorum Antistitum" vom 1. September 1910 für alle katholischen Geistlichen die Verpflichtung, den sogenannten Antimodernisteneid auf die Lehren der Kirche mit Einschluß der Enzyklika "Pascendi" und des Syllabus zu leisten. Wenn auch die Zahl der Eidesverweigerer nach außen hin relativ gering erscheinen mag - die deutschen katholischen Theologieprofessoren mußten davon ausgenommen werden, um Schwierigkeiten mit dem Staat zu entgehen -, so wurde der Eid doch für viele zu einer erheblichen Gewissensbelastung: Mußte das credere ecclesiam noch eigens beschworen werden? Bernhart kommt in seinen Erinnerungen ausführlich darauf zu sprechen[57]. Er weist auf den geistigen Aufruhr hin, den diese Eidesleistung im freien Lager hervorgerufen hat. Im Nachdenken über diese kirchliche Forderung sei er sich selbst zur

---

[55] Schäffler, Albert, (Pseudonym für J. Schnitzer), Die Enzyklika Pascendi dominicis gregis, in: Das zwanzigste Jahrhundert 7 (1907) S. 497 - 500.

[56] Vgl. Trippen, Theologie und Lehramt, S. 31.

[57] S. 545 - 548.

Frage geworden[58]; nach der Eidesleistung habe er Tage tiefer Depression erlebt. In einem Brief Peter Dörflers an Bernhart kommt der Widerwillen des Schreibers gegen jene Geistlichen, die allein der Pfründen willen und nicht aus inhaltlicher Zustimmung schwörten, deutlichst zum Ausdruck. Seine Stimmung sieht Dörfler am zutreffendsten mit den Begriffen Schmerz, Unentschlossenheit und Tragik ausgedrückt[59]. Mit diesem Mittel ließ sich der Modernismus nicht unterdrücken, nicht besiegen.

Wenn auch der Erste Weltkrieg einen tiefen Einschnitt im religiösen Leben und Erleben bedeutete[60], so blieben doch die Anliegen des Reformkatholizismus in gewandelter Form auch während und nach dem Krieg bestehen. Beispielhaft sei an die Anstösse erinnert, die die liturgische Bewegung durch die Erfahrungen der Seelsorger im Krieg bekam[61]. Die Reformanliegen erfuhren jetzt freilich zum größten Teil eine stärkere kirchliche Einbindung, sie konnten zu einer positiven, auferbauenden Kritik werden.

Die veränderte geistige Umwelt kam wichtigen Vertretern der Aufbruchsbewegung entgegen: das mystisch-kirchliche Bewußtsein etwa einem Philipp Funk oder in seiner Weise auch Romano Guardini,

---

[58] Dahinter steht zu dieser Zeit unter anderem bereits die Begegnung mit seiner späteren Frau Elisabeth Nieland.

[59] BSB, Ana 383, Briefe Dörflers an Bernhart, hier vom 26. 11. 1910.

[60] Vgl. Schoof, Mark, Der Durchbruch der neuen katholischen Theologie. Ursprünge - Wege - Strukturen, Freiburg-Basel-Wien 1969, S. 110 - 131.

[61] Am deutlichsten wird dies wohl bei Pius Parsch. Vgl. Parsch, Pius, Liturgische Erneuerung. Gesammelte Aufsätze, Klosterneuburg 1931. Ders., Volksliturgie. Ihr Sinn und Umfang, Klosterneuburg 1940.

wenn er von einem Erwachen der Kirche in den Seelen spricht[62]. Neben dem Mystischen wurden die ästhetischen Elemente des Katholizismus in das Blickfeld gerückt. Nicht zuletzt gewann der Gemeinschaftsgedanke ein neues Gewicht. Die Bibelbewegung und die Hinwendung zu den Kirchenvätern, gerade auch zu Augustinus, die Beschäftigung mit mittelalterlichen Texten, die intensive Auseinandersetzung mit der mystischen Theologie versuchten, auf ihre Weise die Neuscholastik in Frage zu stellen. Deutlich spürbar wird daneben ein breiteres, ein universalistisches Verständnis des Katholischen und ein neu aufkommendes Gespräch zwischen den Konfessionen.

[62] Guardini, Romano, Vom Sinn der Kirche, Mainz 1922, S. 1. Vgl. Gerl, Hanna-Barbara, Romano Guardini. Leben und Werk, Mainz 1985.

2. Bernharts Begegnung mit Vertretern des Reformkatholizismus

In diesem Kapitel sollen die wichtigsten Vertreter des Reformkatholizismus herausgegriffen werden, sofern sie für Bernharts Leben und Denken von Bedeutung wurden und ihn auf jenes Feld des Denkens führten, das für sein Verständnis der Kirche nicht ohne Auswirkung bleiben sollte[63].

Herman Schell ist sehr deutlich als ein wichtiges Vorbild auszumachen[64]. Bernhart bezeichnete die Grundgedanken Schells als herrlich[65], wenn er auch im gleichen Atemzug konstatierte, daß Schells Name nicht mehr ausreiche als Antwort auf die Fülle der katholischen Probleme der Gegenwart.

"*Uns Jungen damals, wenigstens soweit wir der lebendigen Welt eine lebendige Kirche wünschten, war er die Hoffnung, die uns den*

---

[63] Hinzuweisen ist hier auch auf Joseph von Bach (vgl. LThK, Bd. 1, 1197), der Bernhart zu den Mystikstudien anregte. Auf Bachs Initiative geht auch Bernharts frühe Beschäftigung mit Augustinus zurück - Vgl. dazu die Preisaufgabe der Münchner Fakultät für das Jahr 1901/02 "Der heilige Augustinus als Pädagoge" BSB Ana 383, U 50; dazu auch Bernharts Erinnerungen, S. 150 - 152. Bernhart zeichnet ein von verehrender Liebe durchpulstes Bild von Bach in seinen Erinnerungen: "Wie keinem anderen Lehrer blieb ich dem grundgelehrten geistlichen Humanisten mein Leben lang verbunden, doppelt, weil er vor allem die Fühlung mit den Dingen, die meine eigentlichen werden sollten, in mir erweckt hat. Besseres, glaube ich, kann ein Lehrer nicht wirken als jene Art Vaterschaft, die ihren Zögling nach der Weise des Platon und seines Sokrates mit dem innersten Anspruch seines Selbst bekannt macht." (S. 108 - 111; hier S. 108) - Daneben ist zu erinnern an die Augustinusstudien des Benediktiners von St. Bonifaz, P. Odilo Rottmanner, der Bernharts früher Beichtvater war und dem er sich gerade in seinem Ringen um den Antimodernisteneid und um das Finden des rechten Weges zwischen Zölibat und Ehe nach Ausweis der Erinnerungen gerne anvertraut hätte (Erinnerungen, S. 226 - 229).

[64] Vgl. Erinnerungen, S. 197 - 200.

[65] In einem Brief Bernharts an H. Platz vom 19. 7. 1914, BSB Ana 383.

Mut gab, das Priestertum auf uns zu nehmen."[66] Bernhart führt an dieser Stelle der Erinnerungen auch das Faszinierende an Schell an: Es sei sein Postulat des Fortschrittsprinzips für die Kirche ohne jeden politischen Beigeschmack und der biblisch gemeinte aktivistische Seinsbegriff im Gottesbild[67].

Schell versuchte den persönlichen und lebendigen Aspekt in der Kirche aufzuzeigen, die Innerlichkeit des Katholizismus zu betonen, die Kirche im Zwiegespräch mit der Welt zu erneuern.

1893 hatte er seine Dogmatik abgeschlossen. Am 28. August desselben Jahres hielt er auf der 40. Generalversammlung der deutschen Katholiken eine aufsehenerregende Rede. Er klagt dort über die gelehrte antichristliche Weltanschauung in so vielen Schulen und auf so vielen Kathedern; er verteidigt die Theologie als Wissenschaft, der von vielen wegen ihrer kirchlichen Gebundenheit mangelnde Forschungsfreiheit zur Last gelegt wird. Wenn Schell dann vehement dafür eintritt, daß "*der Katholizismus selbst nach Namen und Wesen die Universität der Wahrheit in großartigem Sinne ist, eine Hochschule der Wahrheit für die ganze Welt und nicht bloß für die Gebildeten, für alle Schichten und Kulturstufen der Menschheit*"[68], so sind dies Gedanken und Anliegen, die sich auch bei Bernhart finden

---

[66] Erinnerungen, S. 200.

[67] Vgl. Mühlek, Karl, Dynamische Gmeinschaft. Zur Lehre Herman Schells von der Kirche, München-Paderborn-Wien 1973, hier v.a. die Zusammenfassung auf den Seiten 294 - 296. Berning, V., Das Denken Herman Schells, Essen 1964, weist auf S. 51 auf den spekulativ-intuitiven Theologen und den Priester mit der tiefen christozentrischen Frömmigkeit hin, der Schell war. Beides sind Charakteristika, die ihn für Bernhart wesentlich interessant werden ließen. - Vgl. auch dens., Herman Schell, in: Christliche Philosophie im katholischen Denken des 19. und 20. Jahrhunderts, hg. von E. Coreth, W. Neidl, G. Pfligersdorfer, Band 1: Neue Ansätze im 19. Jahrhundert, Graz-Wien-Köln 1987, S. 365 - 383.

[68] Schell, Herman, Kleine Schriften, hg. von K. Hennemann, Paderborn 1908, S. 151.

lassen[69]. Die Kirche solle die geistige und moderne Welt und Wissenschaft in fortschreitender Forschung und Lehre erobern, "*damit die Kirche sich auch in diesem Sinne als die wahre Universität auch für die modernen Wissenschaften...erweise.*"[70] Mit den Waffen des Geistes und der wissenschaftlichen Arbeit müsse die Welt für das Reich Gottes von der Kirche erobert werden.

Den Vorwurf der Gebundenheit der Theologie thematisiert Schell auch in der Festrede zum Antritt seines Rektorates am 28. Oktober 1896, dem Jahr, in dem das der Wahrheit gewidmete - dies war Schells Motto - neue Universitätsgebäude eingeweiht worden war. Die Theologie kenne nur die Schranke der wissenschaftlichen Freiheit, nämlich die Wahrheit, heißt es dort[71]; als Wahrheit werde nur das anerkannt, was sich in der Tatsächlichkeit nachweisen lasse. "*Wahr kann ja im höchsten Sinne nur sein, was Leben, Fortschritt und Vervollkommnung verbürgt, was über die Gemeinheit und über die Gefahr geistiger Verknöcherung erhebt.*"[72]

Schells Schrift "Der Katholizismus als Prinzip des Fortschritts" wollte die Ursachen der vielbeklagten Inferiorität der Katholiken aufzeigen und Wege weisen, die geistige und kulturelle Führung wieder zu übernehmen. Schell tat dies in den Gegensätzen Katholisch und Protestantisch, Geistlich und Weltlich, Freiheit des Denkens und kirchliche Autorität, Konservatismus und Fortschritt und befaßte sich schließlich mit dem Ideal des Katholizismus. Er wandte

---

[69] Etwa in Wissen und Bildung, München 1955.

[70] Schell, Kleine Schriften, S. 164.

[71] Ebd., S. 179.

[72] Ebd., S. 182.

sich dagegen, daß eine Schulrichtung die volle Kirchlichkeit für sich in Anspruch nehmen dürfe[73]. Die eigenen Schwächen müßten erkannt und eingestanden werden[74]. Wenn auch die päpstliche Unfehlbarkeit die Gefahr in sich berge, auf die eigene Geistbetätigung zu verzichten, so müsse diese doch gerade auf dem religiösen Gebiet gefordert werden[75]. "*Der Gegensatz zwischen dem Weltlichen und Göttlichen wird viel mehr betont als die Fähigkeit und Bestimmung des Weltlichen wie alles Geschöpflichen zu einem Träger und Vermittler des Göttlichen zu werden.*"[76] Es dürfe nicht in katholischen Kreisen alles Kirchliche verhimmelt werden; es gehe nicht an, die schroffen, aber charakteristischen Ecken und Härten zu nehmen, denn dann seien Einförmigkeit und Langeweile die Folge[77]. Die Pflege des Denkens mache naturgemäß kritisch und neige zur fortschrittlichen Gestaltung[78].

Dieser knappe Durchgang soll kein vollständiges Referat der Schellschen Gedanken bieten, er will lediglich auf die Nähe Bernharts zu Schell hinweisen.

Die Kritik auf den "Katholizismus" blieb nicht aus; in seiner zweiten Reformschrift "Die neue Zeit und der alte Glaube" versuchte Schell

---

[73] Der Katholizismus als Prinzip des Fortschritts, Würzburg ^{3}1897, S. 10.

[74] Ebd., S. 15.

[75] Ebd., S. 12.

[76] Ebd., S. 19.

[77] Ebd., S. 43.

[78] Ebd., S. 57.

klarzustellen[79]. 1898 wurde er indiziert; er unterwarf sich nach langem Ringen am 1. März 1899, bezeichnend für seine Anhänglichkeit an die Kirche.
Trotz der Nähe und Bewunderung zu Schell hielt Bernhart sich zurück, als er 1914 von einem Freundeskreis Herman Schells eingeladen wurde; eine kleine Gemeinde, die sich zur Pflege des mystischen Katholizismus zusammengefunden hatte, hoffte zuversichtlich, Bernhart später einmal in ihrem Kreis zu sehen[80].
In seiner Antwort bezeichnete es Bernhart als Glück, Schell persönlich gekannt zu haben. Er teile mit diesem Verehrerkreise "*die Sorge, ob der gegenwärtige Lauf der Dinge in der römischen Kirche dem Katholizismus zum Segen ist...*" Im gleichen Atemzug aber unterstrich er, daß seine Gedanken allzu oft Schells Ideen zuwiderliefen. In einem Satz, der für Bernhart zentral ist, brachte er diesen Bruch auf den Punkt: "*Ich halte die Kultur für einen a priori tragischen Prozeß, dessen Antidoton die Religion ist, die jene Tragik erkennt und dadurch überwindet.*"[81]

Mit **Joseph Schnitzer**[82] kam Bernhart bereits während seiner Münchner Studienzeit in Kontakt. Schnitzer war der Nachfolger des Dogmatikers Joseph von Bach, der Bernhart zu der Preisaufgabe

---

[79] Schell, Herman, Die neue Zeit und der alte Glaube. Eine culturgeschichtliche Studie, Würzburg 1898.

[80] Schreiben des Vorsitzenden dieses auf den Raum Düsseldorf und Münster sich konzentrierenden Schellkreises, Dr. Hermann Platz, vom 7./8. Juni und 16. Juli 1914 an Bernhart; BSB Ana 383, Briefwechsel Bernhart mit Dr. Platz.

[81] Ebd., vom 19. 7. 1914.

[82] Für seine Biographie vgl. Trippen, Theologie und Lehramt.

über Augustinus angeregt hatte. So äußert sich denn auch Bernhart in seinen Erinnerungen über Schnitzer: "*Mein persönlicher Verkehr mit ihm...war durch mein Interesse an Augustin und Eckhart verursacht, und jede Begegnung mit dem gütigen, hilfreichen Freund der Studenten ist mir Erquickung gewesen.*"[83] In Schnitzers Vorlesungen war, wie Bernhart berichtet, die Nähe zu den liberalen protestantischen Theologen spürbar; er nennt Harnack, Loofs, Weinel[84]. Von Stunde zu Stunde, fährt Bernhart in erinnernder Rückschau fort, sei in den Vorlesungen deutlicher geworden, daß Schnitzers Weg unter das Damoklesschwert führen müsse[85], nicht zuletzt auch seines Hauptforschungsgegenstandes wegen: Savonarola. 1924 hatte Schnitzer mit Bernhart eine Reise nach Florenz unternommen; Bernhart berichtet von der Ergriffenheit, in der sie miteinander in der Zelle Savonarolas gestanden waren[86].

---

[83] Erinnerungen, S. 212.

[84] Ebd.

[85] Ebd., S. 212. - Die Reaktion der Studenten sei gewesen, daß die meisten den Vorlesungen fernblieben, damit sie nicht in eine zu große Nähe zu dem Reformer, dem Bernhart das Prädikat Modernist zuweist (Erinnerungen, S. 630), kämen. Bezeichnend ist die Gruppe derer, die trotz des Risikos weiter die Vorlesungen besuchten. Schnitzer selbst nennt an zwei Stellen seines Tagebuches die wichtigsten Namen: "...es kamen gerade auch die besten Köpfe wie Fendt, Hörmann, Bernhart, Dörfler, Zellinger, Koeniger." (Trippen, Norbert, Aus dem Tagebuch eines deutschen Modernisten. Aufzeichnungen des Münchner Dogmenhistorikers Joseph Schnitzer aus den Jahren 1901 - 1913, in: G. Schwaiger (Hg.), Aufbruch ins 20. Jahrhundert. Zum Streit um Reformkatholizismus und Modernismus, Göttingen 1976. S. 139 - 222, hier S. 150.)

[86] Den inneren Eifer, mit dem Schnitzer diese Forschungen betrieben hatte, drückt ein Brief vom 1. Mai 1927 an Bernhart aus: "Ich weiß es sehr wohl, daß uns ein Mann wie der Frate heutzutage ganz fremdartig, ja unverständlich erscheint. Der Grund liegt darin, daß unsere Einstellung zur Kirche und Religion von der seinigen wesentlich verschieden ist. Das Christentum, wie wir es verstehen und treiben, das Christentum der Medici und Macchiavelli, der Jesuiten, des Zentrums und Roms, war ihm ein

Mit einer Frage, die beide - freilich unterschiedlich - bewegte, empfing Schnitzer Bernhart bei deren letzter Begegnung: "*Ja sagen Sie mir nur, was wird nun aus unserer Religion?*"[87] Es ist beider Sorge um das Vaterhaus, die sie verbindet, die auch ihren Briefwechsel durchzieht - bei aller dort offenkundigen Radikalität. Im Gegensatz zu den Erinnerungen stammen die Briefe vom jungen Bernhart, und sie sind an einen in Bernharts Augen ausgemachten Modernisten gerichtet. Die "religiöse Frage der Gegenwart" durchzieht wie ein roter Faden diesen zeitweise sehr regen und intensiven Briefwechsel[88].

Am 4. Juni 1912 brachte Bernhart seinen Dank an Schnitzer zum Ausdruck - dafür, daß er ihn auf das Feld der Mystik gewiesen habe. Bernhart unterstreicht darin, daß ihm das Problem immer stärker von einem historischen zu einem gegenwärtigen geworden sei. Es geht ihm nach Ausweis dieses Briefes darum, "*eine persönliche Frömmigkeit zu finden, bei der man alles Wissenschaftliche und Strittige der Theologie getrost in suspenso lassen kann.*" Er schreibt, daß es ihm viel leichter fiele, in Jena für den Katholizismus einzutreten, für ihn um Verständnis zu werben, wenn nicht jeder das Gegenargument Rom bringen könnte. Unendlich lähmend falle einem dieses unselige Rom in den Arm, wenn man zu einem Streich für Christus aushole, da Rom anfange, die Kirche zu verraten, argu-

---

Greuel, Neuheidentum. Das Christentum, wie er es lebte und predigte, das ernste Christentum Christi, brachte ihn an den Galgen. So ist er in meinen Augen der Mann, durch welchen jede Art Christen- und Kirchentums ad absurdum geführt wird." (BSB, Ana 383)

[87] Bernharts Nachruf auf Joseph Schnitzer, in: Hochland 37 (1939/40) Heft 6, S. 252f.

[88] BSB Ana 383, Nachlaß Bernhart, Briefwechsel mit Schnitzer von 1905 - 1927.

mentiert Bernhart im Sog antiultramontanistischer Gedankengänge[89].

In seiner Antwort bekundete Schnitzer Verständnis für Bernharts pessimistische Beurteilung der kirchlichen Lage[90]: "*Es sieht traurig aus, sehr traurig, nicht bloß in der großen Kirche, sondern auch unter uns selbst; ich bin der letzte, der sich dies verhehlt...*" Er verweise auf den "alten Katholizismus" und nennt das Band der Gemeinschaft mit "*den großen Geistern der Vergangenheit, mit Origenes, Augustin, Bernhard, Tauler, Eckhart... Die große Aufgabe, an der wir mitarbeiten, an der namentlich auch Sie, gerade Sie, mitarbeiten könnten und sollten, besteht also darin, den Katholizismus zu entultramontanisieren, ihm das römische Gift zu entziehen und ihn wieder zu christianisieren.*" Dem römischen Katholizismus stellt er schließlich seine Vorstellung des christianisierten Katholizismus gegenüber: "*Was geht denn unseren, den religiösen Katholizismus, für den der heilige Franz, Bernhard und alle Großen, allen voran Dante, geschwärmt haben, Rom und die hochmütige Prälatur an?*"

Eine deutliche Veränderung in der Position Bernharts zeigt sich in einem zwölf Jahre später geschriebenen Brief[91]: Bernhart erwähnt, daß er sich von der ganzen liberalen Theologie losgesagt habe, was für die Bildung der Legende, er habe sich nun wieder enger an Rom gebunden, Anlaß gegeben habe. Er aber pochte nach wie vor auf die

---

[89] Es bedürfe vor allem eines kleinen Häufleins mutiger und überzeugender Christen. "Gott, wär nur wenigstens eine willige, begeisterte Schar von Aposteln der Kirche da, von der tausend Edle träumen! Aber was ist diese Krausgesellschaft, was sind diese Protestchen doch Armseliges!"

[90] Vom 6. Juni 1912.

[91] Vom 18. Februar 1924.

völlige Freiheit. Das Religiöse an der Kirche sah er mittlerweile zu seiner zentralen Angelegenheit, zu einer wichtigen Aufgabe geworden: "*...das Religiöse an der Kirche ist mir und wird mir immer mehr eine ernste Angelegenheit, die mich zum Sprechen zwingt. Aber gerade in dieser Lage brauche ich die volle Freiheit, auch die gegenüber Rom und vor allem der heiligen Pfaffheit, die mir umso widerlicher wird, je mehr ich das Frivole am hierarchischen Verrat der religiösen Kirche erkenne.*"
So dezidierte und deutliche Töne, wie wir sie im Briefwechsel mit Schnitzer finden, sind sonst nur noch in einigen Schreiben an Muth oder in Passagen der Tagebücher zu hören.

Voll Euphorie schrieb Bernhart zu **Carl Muths**[92] 70. Geburtstag: "*Blicken Männer, die kräftig auf ihre Zeit gewirkt haben, zurück auf ihre Anfänge, so häufen sich vor ihren Augen die Beweise, daß sie Streiter und Bahnbrecher für viele gewesen sind, die schon lange auf jenen Einen gewartet hatten.*"[93] Und er erinnerte sich, wie wichtig ihm Muth in seiner Jugend, während seiner Studienzeit geworden war: Er spricht von der geistigen Atemnot, an der ein paar junge Leute im geistlichen Seminar gelitten hätten; den theologischen Lehrern der Universität bescheinigt er wenig Begeisterungsfähigkeit, es sei kaum einer gewesen, "*der uns für die wahre Herrlichkeit der Theologie die Augen hätte öffnen können.*"[94]

---

[92] Muth, Wulfried C., Carl Muth, in: Christenleben im Wandel der Zeit, hg. von G. Schwaiger, Band 2: Lebensbilder aus der Geschichte des Erzbistums München und Freising, München 1987, S. 247 - 265.

[93] Begegnungen mit Carl Muth, München-Kempten 1937 (= Sonderdruck aus Hochland Januar 1937.)

[94] Ebd.

In diese Zeit reicht die Gründung des "Hochland", der Zeitschrift, die Bernhart von der ersten Nummer an begeisterte. "*...empfand ich Hochland von Mal zu Mal wie den Besuch eines Freundes, der alle Uhren der Zeit schlagen hört, aber keine wichtiger nimmt als die Ewigkeit...*" Bernhart rühmt das aufwühlende Vielerlei des Inhalts dieser Zeitschrift, die ihrem cantus firmus "*katholisch selbstsicheren Offenseins für alles von gestern und heute*"[95] nie untreu geworden sei[96]. Bernhart sah im Hochland ein Medium, das mit offenen Augen die Realität betrachtete und nicht mit dem Geist der damaligen katholischen Literatur mitschwamm[97]. Die Wahrheit vom Heilssinn des Negativen - und damit ist Bernhart bei einem seiner zentralen Themen - dürfe nicht länger unterschlagen werden. Es gehe um die Verbindung von Kirchlichkeit und schöpferischer Genialität und darum, aufzuzeigen, daß sich beides nicht ausschließe. "*Daß es der Abhilfe gegen einen Notstand bedurfte, sahen außer Veremundus-Muth noch andere. Signale waren die poetische Unkraft und die*

---

[95] Ebd.

[96] "Das nun war die Zeitschrift, die uns mit allem Erregenden gerade die Stillung brachte, nachdem die gewaltsam ringsum hergestellte Stille unsere heimliche Erregung doppelt gesteigert hatte. Vielen stand das Hochland nicht im Geruch der guten Sache, die sie am besten bei Blättern vom Range anderer Devotionalien geborgen glaubten, und auch die auf Erfolg in der Laufbahn Bedachten fanden Vorsicht geraten. Um so liebender hingen wir anderen, die das wieder einmal vermeinte Zerwürfnis zwischen Wissen und Glauben schmerzte, an den immer reichen, Vieles bewegenden Heften." (Ebd.) - Hefte, die aus der Gettoluft der Zeit in's Freie hinauswiesen - so formuliert Bernhart in den Erinnerungen in seinem Kapitel über den katholischen Literaturstreit, einem Thema, zu dem er sich nicht nur seiner Verbindung zu Muth wegen, sondern auch aus ureigenster Betroffenheit - "Halb Poet und halb Gelehrter" bezeichnet er sich selbst - in enger Affinität weiß. (Erinnerungen, S. 505 - 540).

[97] "Aber die Belohnung der guten Fridoline nebst der Bestrafung der bösen Dietriche konnte auf die Länge auch bei der einfachsten Leserschaft nicht verfangen." (Erinnerungen, S. 509)

Zurichtung epischer Stoffe auf den Zweck hin, am Weltlauf das Recht der katholischen Begriffe von Gott und Mensch zu demonstrieren."[98]

So seien sich die freie Willkür, die zum Wesen der Modernität gehörig gesehen wurde, und die Bindung an die Glaubensregel, das Signum für die Kirchlichkeit, gegenübergestanden. Das Hochland ging nicht von dem Standpunkt aus, daß seine Leserschaft vor nichtkatholischen Autoren zu schützen sei.

Bernhart empfindet diesen Streit als eine notwendige Erscheinung des Katholizismus jener Jahre, der nur im geduldigen Vertrauen auf eine künftige Wandlung der Dinge zu ertragen sei. Er verweist darauf, wie unter Leo XIII. sich die Dinge bereits gebessert hätten; unter Pius X. hält er jedoch keine weiteren Veränderungen für möglich[99].

Bernhart spricht dem Kampf eine weit tiefere Bedeutung zu[100]: im Mittelpunkt steht der Antagonismus zwischen der kirchlichen Heilsbotschaft und "*den Ansprüchen der Menschennatur auf ihre Selbstentfaltung nur nach eigenem Gesetz.*"[101] Dieser Antagonismus durchzieht die gesamte Geschichte der Christenheit. Bernhart verweist auf Paulus und Augustinus, auf die Verkündigung, daß das Gottesreich nicht in menschlicher Rede liege, auf den Geisteskampf des

[98] Erinnerungen, S. 508.

[99] Erinnerungen, S. 539.

[100] Erinnerungen, S. 511.

[101] Ebd., S. 512.

Mittelalters, auf den dialektischen Gang der Geschichte[102]. Bernhart meint, die Gefahren für das Hochland lägen weit weniger im literarischen Bereich als vielmehr im religiösen und in den Weltanschauungsfragen; davon aber zu lassen, hieße das Wesen des Hochland zu verraten[103].

Bernhart war eifriger Mitarbeiter des Hochland bis zum Jahre 1913, dann hielt er es nach seiner Heirat für das Ansehen Hochlands für geratener, von einer Mitarbeit abzusehen. Er publizierte wieder etwa von 1927 bis 1939 im Hochland, u.a. auch seine entstehenden Essays, die er in dem Bändchen "De profundis" zusammenfaßte. Aus der eifrigen Mitarbeiterschaft erwuchs eine innige Freundschaft zum Herausgeber Carl Muth. So wurden im Briefwechsel immer wieder aktuelle Probleme von ekklesiologischer Relevanz erörtert und ganz offen literarische Pläne angedeutet und durchbesprochen. Gerade in den ersten Jahren des Briefwechsels schilderte Bernhart ausführlich seinen Standpunkt und versuchte eine globale Analyse der Situation seiner Zeit, wenn er schrieb, daß er mit seinem Denken und Fühlen einsam unter seinen Genossen stehe[104]. Er wolle damit nicht Verachtung den anderen gegenüber zum Ausdruck bringen, aber er könne mit ihnen keine innerliche Gemeinschaft gewinnen - und wenn, dann koste es ihm sehr viel Mühe. Er begründete diese tren-

---

[102] "Entweder nehmen wir zum Maß der Dinge einen integralen Katholizismus, der alles verwirft, was ihm nicht vereinbar erscheint, oder wir nehmen dieses Andere zur Kenntnis als Ausdruck des Zeitgeistes, prüfen und richten es nach unseren Maßen, warnen auch, wo es geboten ist, vergessen aber nicht die Parabel vom Unkraut im Weizen noch was große Lehrer der Christenheit vom Segen der Irrlehren im geschichtlichen Gang der Kirche von Paulus bis Newman gedacht haben." (Erinnerungen, S. 514)

[103] Erinnerungen, S. 527.

[104] BSB Ana 383, Bernhart an Muth, vom 9. Juni 1907.

nende Kluft mit seiner Zeitsicht: "*Die Wenigsten sehen ja, daß wir auch im kirchlichen Leben am Ausgang des Mittelalters stehen. Wer diesen Riß nicht auch in seiner Brust fühlt und ihn zu überbrücken als seine Lebensaufgabe sieht, der steht gar noch nicht in der Gegenwart.*"[105] Umso mehr freue ihn, daß er in Muth einen dafür aufgeschlossenen und verständnisvollen Partner gefunden habe. Noch im Jahre 1944 wird er an Muth schreiben, er solle sich von seinen aufrichtigsten Freunden - zu diesen zählte sich Bernhart ohne Zweifel - sagen lassen, "*daß in der Frucht Deines Lebenswerkes die Keime zu neuer Entfaltung in kommenden Zeiten liegen.*"[106] Hochland werde auch in der künftigen Wendung der Dinge nichts von seinen Grundwerten abzuändern oder aufzugeben haben. Bernhart meint an dieser Stelle mit Sicherheit die sich bereits abzeichnende politische Wendung der Dinge. Schon 1942 hatte Muth die Notwendigkeit auch der Wendung der kirchlichen Dinge zum Ausdruck gebracht. Dort heißt es in einem Brief: "*Wollte Gott, der Nachfolger (sc. des Papstes) hätte die starke Hand und die besondere Gnade, die Reformen durchzuführen, die längst fällig sind.*"[107]

Bei der Vorstellung der zentralen Inhaltspunkte dieses freundschaftlichen Briefwechsels darf die Situationsanalyse Bernharts an Muth von 1907 nicht fehlen, nimmt sie doch Urteile, die Bernhart später (1912) Schnitzer gegenüber äußert, bereits vorweg[108]. Der junge Kaplan, der damals noch um seine Aufgabe ringt, versuchte, Muth

---

[105] Ebd.

[106] Ebd., am 9. März 1944.

[107] Ebd., Muth an Bernhart am 19. März 1942.

[108] Ebd., Bernhart an Muth am 14. Februar 1907.

von seiner Analyse zu überzeugen: Er meinte, seiner Zeit den Niedergang zusprechen zu müssen; nicht Autoritäten, nicht Bücher und nicht eine gelehrte demonstratio fidei vermöchten den Niedergang aufzuhalten, sondern nur die religiöse Erneuerung, "*Persönlichkeiten von genialer Religiosität*"[109].

Nicht der theologische Liberalismus, nicht allein die Beschäftigung mit der Person Jesu könne Impulse geben, sondern letztlich nur das Wiedererwachen der Mystik. Bernhart begründet seine These so: Mit dem zunehmenden Empirismus in der Wissenschaft wachse das Bedürfnis der Menschenseele nach dem Geheimnis, nach dem Moment der Selbstbesinnung, nach "*der Wiederentdeckung eines über der Erscheinungen Flucht beharrenden, aufs Ewige gerichteten Elementes im menschlichen Geiste. Wie auffallend ist doch die Tatsache, daß der moderne Mensch, so leidenschaftlich er nach religiösem Leben verlangt, doch ebenso entschieden die kirchliche Gmeinschaft, noch mehr allen dogmatischen Zwang verschmäht. Die Kirche hat heute wesentlich dieselbe Form wie im Mittelalter, die Geister aber sind andere geworden.*" Sie seien aufgrund ihrer gedanklichen Leistungen selbstbewußter, die einzelne Persönlichkeit selbständiger geworden. Der Subjektivismus beherrsche das sittliche wie das künstlerische Leben. Die mittelalterliche Gebundenheit sei ein für allemal abgetan; der moderne Mensch begegne auch hierarchischen Autoritäten mit freiheitlicher Selbständigkeit. "*Er verschmäht in seinem religiösen Leben jede Mittlerschaft und sucht seine Persönlichkeit in unmittelbare Fühlung mit dem, was sie als göttlichen Urgrund erkannt hat, zu bringen. Was wunder, wenn die ins Endlose sich differenzierende Kirchenfrömmigkeit nicht gewinnt,*

---

[109] Ebd.: "Woher aber soll der warme Strom entspringen, der hinweg über allen Hader um die Formel, alle engbrüstige Konvenienz, alle versteinerte Systematik das wahre Leben in die vertrockneten Seelen leitet?"

sondern abstößt? Sind ja doch auch dem Gläubigen die zahllosen Mittel zur Heiligkeit das größte Hindernis auf dem Weg zu ihr. Dazu kommt noch, daß der vom Theoretischen übersättigte Mensch mit der Religion nicht das Lehrhafte, logisch Systematisierte sucht, sondern was er mit Leidenschaft ersehnt, ist das beseligende Gotteserlebnis. Daher Sehnsucht nach Religion und Kampf gegen das Dogma.
Was ist also begreiflicher, als daß unsere Zeit sich für die Mystik interessiert. Vor der Versandung des Gemüts bewahrt allein die lebendige Fühlung mit Gott."[110]

Von **Sebastian Merkle**[111], dem Würzburger Kirchenhistoriker, berichtet Bernhart im Kontext seiner Erinnerungen, als er die Vorbereitung seines Rigorosums im Jahre 1910 erwähnt. Sehr plastisch schildert er seine Erfahrung mit der in zwei Lager gespaltenen Fakultät - die Spaltung sei als Nachwirkung Schells dort noch tiefer als anderswo -, auf deren fortschrittlicher Seite er vor allem Merkle und Kiefl stehen sieht als "*Widersacher der in der bloßen Tradition verstockten Kollegenschaft*"[112]. Bernhart schreibt, daß in dem Vorbereitungsgespräch für das Rigorosum mit Merkle die innerkirchlichen Tumulte jener Zeit der Hauptgegenstand waren; in Merkle hatte Bernhart einen streitbaren Verfechter der Neubewertung der kirchlichen Aufklärung gefunden.

---

[110] Ebd.

[111] Vgl. Freudenberger, Theobald (Hg.), Sebastian Merkle. Ausgewählte Reden und Aufsätze, Würzburg 1965 (= Quellen und Forschungen zur Geschichte des Bistums und Hochstifts Würzburg Band XVII) S. 1 - 126: Lebenslauf und Bibliographie.

[112] Erinnerungen, S. 480.

Franz Xaver Kiefl[113] war der erste Referent der Dissertation Bernharts, ein mutiger Verteidiger des Schell'schen Erbes. Auch er stand mitten in den Fragen und Auseinandersetzungen der katholischen Kirche am Anfang des 20. Jahrhunderts. "*Vertraut mit der modernen Philosophie, mit den Positionen der Bibelkritik und der Problematik zwischen Evolution und Schöpfungsdogma, war er gerüstet, das umstrittene Erbe Schells zu verteidigen...*"[114]
Albert Ehrhard[115] wurde von Bernhart als der "*vielumstrittene Programmatiker des Reformkatholizismus*" bezeichnet[116]. Wie weit Bernhart sich mit Ehrhards Schrifttum reformkatholischen Inhalts auseinandergesetzt hat, geht aus seinen Aufzeichnungen nicht hervor.
Zu **Franz Xaver Kraus** sind die Verbindungslinien weit dünner gezogen. In seinen Erinnerungen bezeichnet Bernhart ihn an der Stelle, wo er von den innerkirchlichen Reformtendenzen um 1900 handelt, als heimlichen Marschall der Reformer[117]. Bernhart sieht in erster Linie auf das Leiden des Priesters und seinen "*Ingrimm gegen das ultramontane Mißverständnis der Kirche Christi*", den er hauptsächlich im Vorwort zum zweiten Band der Kirchengeschichte Kraus' spürt[118]. Er spricht von der Erregung, die er schon als

---

[113] Vgl. dazu Hausberger, Karl, Anton von Henle und Herman Schell. Ein Briefwechsel im Vorfeld der 'Modernismus'-Kontroverse, in: M. Weitlauff/K. Hausberger (Hg.), Papsttum und Kirchenreform. Historische Beiträge. Festschrift für Georg Schwaiger zum 65. Geburtstag, St. Ottilien 1990, S. 699 - 744; hier S. 700, Anm. 4.

[114] Erinnerungen, S. 480.

[115] Vgl. auch Trippen, Theologie und Lehramt im Konflikt.

[116] Erinnerungen, S. 429.

[117] Erinnerungen, S. 188.

[118] Kraus, Franz Xaver, Lehrbuch der Kirchengeschichte. 4 Teile, Trier 1872 - 1875.

Gymnasiast durch das Zeugnis des reformerischen Kirchenpolitikers, gerade bei der Lektüre der "Spectator-Briefe", erfahren hatte. "*Mit ungebrochenem Sendungsbewußtsein, fast prophetischer Sicherheit sah er in naher oder fernerer Zeit im Leben der Kirche eine Wandlung heraufkommen. Sie hat allerdings ein langes Halbjahrhundert auf sich warten lassen, aber sie ist gekommen und hat den Seherblick des bei allem Ruhme verbitterten Mannes gerechtfertigt*", vertraute Bernhart seinen Erinnerungen Anfang 1964 an[119].

[119] Erinnerungen, S. 169.

III. Als Deuter der Geschichte versucht Bernhart Antwort zu geben auf die Fragen der Zeit: Notizen zu seinen Denkwegen

Bernhart spürt den Höhen und Tiefen des Christusereignisses in der Zeit, in den Zeiten nach.
Seine Analyse kommt zu dem Fazit, daß eine heillose Weltangst den Menschen ergriffen habe. Sie findet in seinen Augen ihren Ausdruck im Hetzen der Menschen von Ereignis zu Ereignis. Die Ursache liege darin, daß die Zeit die Ewigkeit verloren habe[1]. Unser Suchen ist rastlos, und das, was wir haben, ist immer weniger als das, was wir suchen. Denn mit der Summe der Dinge ist nicht auch schon ihr Sinn gegeben[2]. Wer aber nicht mehr nach dem Sinn der Dinge frage, der sei schon auf dem Weg zum Nihilismus, auf dem Weg zu einem Menschen, der irre wird am Sinn der Welt, am Sinn seiner selbst und deswegen die Suche, das Ringen aufgibt. Auch Bernhart redet von der Geworfenheit der Welt, aber von ihrer Geworfenheit hin auf Gott. Ihr eigentlicher Unruhestachel ist der Einbruch des Ewigkeitlichen in die Zeit, das Christusereignis. "*Dieses physisch Einmalige, metaphysisch Dauernde, vielmehr im ewigen Nun befestigte Christusereignis ist von seinem Urheber selbst als Sinnmitte der Welt verstanden und von den Zeugen seiner Person, seines Wortes und seiner Taten teils nur schlicht berichtet, teils in tiefsinni-*

---

[1] Vom Geheimnis des ewigen Lebens, München 1960, S. 5.

[2] Mensch und Christ, BSB Ana 383, U 76, S.1.

gen theologischen Spekulationen ausgelegt worden."[3]
Das Ganze dieser Überlieferung mit seinen schroffen Höhen und tiefen Abgründen - schroffer und tiefer als in irgendwelchen sonst bekannten religiösen Lehren und weltanschaulichen Systemen, wie Bernhart herausstreicht - hat im Laufe seines Ganges durch die Geschichte Göttliches und Menschliches miteinander immer stärker vermischt. Nicht nur zum Nutzen jener Überlieferung, deren Inhalt als schlechthin gültig und absolut genommen wird.
Das Christliche als das Urmaß der geschichtlichen Dinge überhaupt: Christus hat durch seine Menschwerdung den Menschen als göttliche Idee bestätigt. Was nach Absolutismus klingen mag ist in Bernharts Augen christlicher Universalismus: alle Geschichte steht in Beziehung zu Christus. Das Christusereignis ist die Antwort des Schöpfers auf die offenen Fragen des Menschen, die Fragen nach dem Notstand der Welt, nach Schuld und Leid und vor allem die nach dem Tod[4]. Ausdrücklich unterstreicht er, daß auch außerhalb der Gemeinschaft, die sich auf Christus gründet, also auch außerhalb der Kirche, der Geist wirksam ist, der da weht, wo er will; mit Augustinus und Ambrosius formuliert er, daß die Wahrheit, wo immer sie sich finde, des Herrn sei.
Wille, Vernunft und Freiheit der Selbstbestimmung sind beim Menschen in unscheidbarer Einheit; sie stehen der Fülle des Zubestimmten und Schicksalsmäßigen gegenüber. Aus dieser Polarität resultiert sowohl die Würde des Menschen als auch seine Gefährdung[5]. Den religiösen Anliegen der Menschen begegnet Christus mit der Bot-

---

[3] Ebd., S. 5.

[4] Ebd., S. 6.

[5] Ebd., S.2.

schaft, daß die Wahrheit alle frei machen soll. Das Christusereignis ist also etwas schlechthin Neues, das über alle edle Menschlichkeit, über die Humanitas hinausreicht: es ist nicht von dieser Welt und geht doch alle Welt so an, daß sie sich danach richten muß.

Hier leuchtet das Licht der Offenbarung herüber: Was wir von Gott zu halten haben, ist seit Christus nicht mehr verborgen[6].

Bernhart sucht einen Weg zwischen dem Unsinn des natürlichen Kreiszwanges und dem unnatürlichen Fortschritt ohne Eigenrecht des Schreitenden. Fundamental ist der Glaube an den Zusammenhang mit einer unirdischen, übergeschichtlichen Wirklichkeit, an das Wirken eines Willens im Werden[7]. "*Dieser Glaube konnte sich erhalten und ausgestalten, solange kein entgegenstehendes Wissen ihn zerstörte; er ist zur Lebensluft der Überlieferung, zum Boden der Kirche und zum Stoff ihres Dogmas geworden. Nichts natürlicher als daß ein aufwühlender, den Alltag und die Gewohnheit umstoßender Glaube, sagen wir schon die Idee vom menschgewordenen Gott, sich ihren Körper bildet, also Menschen und menschliche Kräfte anzieht, die vom Neuen organisiert werden, wie sie selbst es organisierend handhaben.*"[8]

Die Kehrseite zeigt sich in der Einkörperung der aus der geschichtlichen Umgebung sich immer neu andrängenden Stoffe: der Tribut an die Zeit; die Folge: der Historiker setzt mit seinen Untersuchungen ein. Und die Treue zum Anfang, das unverbrüchliche Festhalten am übergeschichtlichen Wesen: Göttliches und Menschliches in der

---

[6] Ebd., S.7.

[7] Vgl. Friedrich Heilers "Katholizismus" (Buchbesprechung in: Lit. Jahresbericht des Dürerbundes, München 1921, S. 1107-1116) BSB Ana 383, Z 199, S.1111f.

[8] Ebd., S. 1112.

Kirche.
Die Idee brauche einen Körper resümiert Bernhart in platonischem Gedankengang, einen Körper, in dem, durch den sie seelen und wesen kann. "*Welchen Körper sie ergreife oder sich schaffe, das bleibt die Sache des dunklen Willens in der Geschichte, der nun einmal seinen ehernen Gang schreitet, ob wir ihn sinnvoll oder sinnlos heißen.*"[9]
Das Evangelium Jesu hat sich nun den römischen Rechts- und Gesetzgeist gewählt, die römische Methode der Verwaltung - was wäre ohne sie aus dem galiläischen Keim geworden? Nach Bernharts Antwort bei den Philosophen ein verblasenes Kuriosum von Ethik und bei den Frommen ein kurzlebiges Häuflein weltabspenstiger Heroen oder eine gnostische Sekte zu den anderen hinzu.

1. Zum Naturbegriff

Bernharts Denken ist ein Fragen von den Grenzen des Wissens her; ein Fragen, das ausgeht vom anthropologischen Bereich, wohl wissend, daß die Frage nach dem Menschen nicht verhandelt werden kann ohne nachzudenken über Gott, seinen Schöpfer[10]. Bernharts Denken ist eine naturphilosophisch und anthropologisch angeregte und befragte Theologie[11].
"*Die Gedanken der hoch- und spätmittelalterlichen Theologie zum*

---

[9] Ebd., S. 1110.

[10] Vgl. dazu das Aufsatzfragment Mensch und Christ, BSB Ana 383, U 76.

[11] Vgl. auch Wachinger, S. 287.

Problem der Natur, einem freilich abgründigen Problem, sind nicht in die Diskussion der Kirche um die Glaubenslehre eingegangen. So war diese Kirche in ihrer abseitigen Scheu vor den Fragen, die das Naturproblem dem Theologen aufgibt, nicht gerüstet, als die Renaissance es in eigene Regie nahm, was denn bald eine tiefe Klüftung zwischen Kirche und autonomer Naturwissenschaft bewirkte."[12] Der Schöpfungstheologie wirft er Verengung auf den Buchstaben der Schrift und mangelnde Weite, wie sie etwa noch der östlichen Patristik eigen gewesen sei, vor. Das habe dazu geführt, daß sich im 16. Jahrhundert eine Philosophie und Wissenschaft der Natur entwickelt hätten, die sich nicht nur vom Buchstaben, sondern dann auch vom Geist der Schrift lösten.

Grundlegend für die Erarbeitung des Naturbegriffs sind an erster Stelle die drei engstens zusammenhängenden Schriften "Tragik im Weltlauf", "De profundis" und "Chaos und Dämonie", ebenso "Vom Sinn der Geschichte" und "Die unbeweinte Kreatur".

Bernharts Grundeinsicht in Konfrontation mit der Natur ist aus der Ästhetik, nicht aus der empirischen, wissenschaftlichen Untersuchung geboren. Tausend Richtigkeiten der exakten Wissenschaft machten noch keine Wahrheit aus, konstatiert er, der Mensch aber brauche Wahrheit, um leben zu können[13]. Bernhart bezeichnet selbst sein Verhältnis zur Natur als ein dichterisches, nicht ein wissenschaftliches, wenn er mit dem Begriff des Tragischen an das Lebensgeschehen in der Natur herantritt[14].

---

[12] Die unbeweinte Kreatur, S. 15.

[13] Die Antworten der Weltreligionen auf die Fragen unserer Zeit, BSB Ana 383, U 30, S. 27. Es handelt sich hier um das Manuskript eines Vortrags, der 1949 im Bayerischen Rundfunk gesendet wurde.

[14] Tragik im Weltlauf, S. 50.

Die Natur lasse sich nicht erklären, sie ist für Bernhart ein offenes, über sich hinausweisendes System, hinausweisend in das Okkulte und Irrationale ebenso wie in das Geheimnisvolle[15]. Das Geschehen in der Natur, das Bernhart in der knappen Formel, daß das Leben das sei, was dem Tode widerstehe[16], faßt, findet er in Analogie zur Welt des Menschlichen und des Geschichtlichen, die er eindeutig unter dem Gesetz des Gegensätzlichen stehen sieht. Dieser Erkenntnis tun auch die Ergebnisse der neueren naturwissenschaftlichen Forschung keinen Abbruch; Bewegung und Polarität werden auch von ihr konstatiert. "*...der alte Grundbezug von Materie und Form auch für die moderne Physik noch unerschüttert zu Recht besteht, beläßt unserem Weltgefühl heute nicht weniger als in den Tagen Heraklits die Freiheit, an einen urgegebenen Dualismus im Naturgeschehen als die erste Voraussetzung für seine tragische Betrachtung zu glauben.*"[17] Gegensätzlichkeit aber ist nicht denkbar ohne Differenzierung: Das Ganze des Lebensgeschehens stehe, so meint Bernhart auch mit den Aussagen der Biologie formulieren zu dürfen, in einem dramatischen Ablauf. Je größer die Differenzierung, desto deutlicher zeige sich dieser Charakter. "*Das Leben im ganzen besteht wie die Flamme von dem, was es vernichtet...*"[18]
Die Auseinanderlage der Dinge und die zwischen ihnen waltenden Bezüge sind die Elemente der Dramatik, die eben deshalb Dramatik in dieser Intensität ist, weil Gott ist. Wenn Bernhart Natur bedenkt,

---

[15] Antworten der Weltreligionen, S. 27; Tragik im Weltlauf, S. 51.

[16] Chaos und Dämonie, S. 37.

[17] Tragik im Weltlauf, S. 51.

[18] Ebd., S. 53.

dann ist sein Denkobjekt die Schöpfung: die Natur ist für ihn kein eigenes Subjekt, sondern das Prädikat ihres Urhebers[19]. Wenn Bernhart von Natur spricht, meint er sie als Schöpfung, als Schöpfung unterhalb der Vernunft und der Freiheit, als die gesetzhafte Welt, als eine Schicht, an der der Mensch mehr oder weniger teilhat[20].
Gerade auch in diesem Teil sieht er eine neue Erkenntnis sich vollziehen: die Elemente stehen nicht klotzartig nebeneinander und laufen nach strengen Gesetzmäßigkeiten ab, sondern sind "*Fälle des Geschehnisganzen*"[21]. Daß die Teleologie der Dynamik auch im Spontanen der Natur nicht abzuleugnen sei, berechtige zur Annahme formbestimmender Idealitäten. So seien das dynamistische Weltbild und die creatio continua durchaus miteinander vereinbar[22]. Als Hintergrund sind sowohl Darwins Vorstellungen und die darauf einsetzende scharfe Auseinandersetzung zwischen Naturwissenschaft und Theologie wie auch Bernharts Begegnung mit Ernst Haeckel während seiner Jenaer Studienzeit zu sehen[23].

---

[19] Die unbeweinte Kreatur, S. 16; dazu auch der Gedankengang in Chaos und Dämonie, S. 13 - 24.

[20] Sinn der Geschichte, S. 39.

[21] Ebd., S. 135.

[22] Ebd., S. 136; Chaos und Dämonie, S. 41; auch in dem Fragment "Ästhetik und Theologie", BSB Ana 383, U 100, insistiert er auf der creatio continua als einer wirklich fortdauernden Schöpfung der Welt, nicht nur auf ein Verständnis von der göttlichen Erhaltung der Welt; der Gedanke der Entwicklung sei kein Reservat der Naturwissenschaft. Bernhart bezeichnet dort den Gedanken der creatio continua als eine "Nähe zum rastlos aus dem Nichts entspringenden Kosmos". (S. 16f.)

[23] Erinnerungen, S. 592. Haeckel habe die Welt durch eine neue Mythologie enträtselt, schreibt Bernhart dort. Zufrieden konstatiert er, daß der "Abersinn dieser Popularphilosphie" die deutschen Universitäten nicht erobern konnte. "Die Idee der Entwicklung in Ehren; sie ist älter als Haeckel und Darwin, als die ganze Naturwis-

Aus der Differenzierung und Nichtvollkommenheit erwächst die Dynamik. So ist für Bernhart auch in dieser Weise ein über sich selbst hinausweisendes System, das auf einer aus sich selbst unvollendbaren Vollendungssuche sich befindet[24]. "*Die Natur ist aufgebrochen aus dem Chaos und eilends unterwegs, auf Besseres hinauszukommen.*"[25] Hier bereits, wie in der "Unbeweinten Kreatur"[26] zieht er den paulinischen Gedanken des Harrens der gesamten Schöpfung auf die Erlösung an.

Wiederum kommt er in seinem Nachdenken über den "Sinn der Geschichte" nicht an dem Thema Natur vorbei; philosophisch nähert er sich ihm. Jubel und Stöhnen vernimmt der Mensch aus dem "Ereignis der Natur"[27]. Trost kommt aus einem nicht nur durch die Offenbarung berechtigten Warten auf eine künftige Erlösung und Verklärung: der Zug nach oben sei der Natur allgemein, er zeige sich "*in allem Lebensdrang*", in "*der Sinnhaftigkeit der Selbstwehr des Lebendigen, das seines Daseins inne ist als eines Gutes*"[28].

Die Naturwissenschaft vermöge auf die den Menschen bedrängende Sinnfrage keine Antwort zu geben, sie könne vielmehr nur den Auf-

---

senschaft. Vor Christus las die Judenschaft aus ihrem heiligen Buche den Sinn heraus: Gott befahl dem Staube, daß er hervor den Adam bringe. Dem Stoffe also war's von Anfang eingesprochen, was er sollte; er war mit dem, was in Äonen sich auszeitigen sollte, vorversehen."

[24] Chaos und Dämonie, S. 42f.

[25] Ebd., S. 42.

[26] Spez. S. 48f, wo Bernhart nicht nur einen Kampf ums Dasein, sondern einen Kampf ums Dortsein, wo alles besser wäre, in der Natur feststellen will.

[27] Sinn der Geschichte, S. 38.

[28] Ebd.

weis der Spielregel in der Welt des Stoffes liefern. Der Mensch hingegen, der die Dinge und ihren Zusammenhang nur noch mit dem Verstande ergreife, ertaube für das leise Wort, das die Natur als Zeugnis ablege für ihren Schöpfer[29].
Bernharts Versuch, mit der Naturwissenschaft dadurch in einen Dialog zu kommen, daß er eigene, nicht starre Positionen anbietet, mutet seiner Zeit vorauseilend an. Ausführlich beschäftigte er sich in den späteren Jahren gerade mit Carl Friedrich von Weizsäcker[30].

1.1 Das Transrationale - die Fühlungnahme mit der Weltseele

Bernhart kann nicht bei der verstandesmäßigen Erkenntnis stehen bleiben, sein Ziel ist die Sympathie, das Einfühlen in die Natur. Die sich ergebende Erkenntnis drückt er so aus: "*Nicht nur, daß der schöne Schleier der Schöpfung sich von innen her mit Tränen feuchtet, sondern Furcht und Grauen beschleicht uns vor ihrer abgründigen Dämonie. Diese Reaktion des Menschen ist eine gemüthaft-pathische, aber sie hat eine ontische, dingliche Voraussetzung, von*

---

[29] Bonifatius, S. 135. - Wachinger resümiert, von der Darstellung des Bernhart'schen Mystikverständnisses ausgehend: "Von dieser Mystik-Auffassung herkommend ist kein weiter Schritt zu den Problemen, die mit Bernharts Natur-Anschauung zusammenhängen. Wieder wäre an Görres zu erinnern, an Hamann, Herder, die Romantiker, an Goethe vor allem, oder auch an den Freund Edgar Dacqué. Gerade der letztere fragt ja kritisch nach dem Herrschaftswissen der modernen Naturwissenschaften und sucht nach einer anderen, einer philosophischen, ja mythischen und theologischen Natur-Anschauung..." (S. 289)

[30] In Chaos und Dämonie zitiert er ihn ausführlich auf den Seiten 168 bis 170; Weizsäcker stellt in seinem "Zum Weltbild der Physik" in Abhebung von Keplers Weltbild die Lehre von der Göttlichkeit der Welt heraus, die ein Geheimnis und eine unendliche Aufgabe enthalte - Gedanken, die Bernhart sehr entgegenkommen.

der wir zu einer metaphysischen Überlegung aufgefordert sind."[31] Immer wieder versucht Bernhart daneben jenen irrationalen Phänomenen nachzudenken, die die Naturwissenschaft als okkult bezeichnen würde, deren Wirklichkeit er dennoch spürt. "*Mit unserem inwendigsten Teil hängen wir zusammen mit der Allgemeinheit der Dinge. Der eine mehr, der andere weniger, mit wechselnder Kraft und Klarheit nehmen wir teil an dem, was alle Dinge wie ein geheimnisvoll sich schlingendes Band zusammenhält.*"[32]

Bernhart weist hin auf die Fülle unleugbarer Tatsachen des abnormen Seelenlebens; zugleich aber fordert er, daß ein gesundes Maß bei diesen Dingen eingehalten werde, ein gesundes Maß, das vor der Schädigung des Natürlichen bewahre. Er kommt auf okkulte Phänomene, wie das Zerspringenlassen von Gegenständen ebenso zu sprechen wie auf das Voraussehen künftig geschehender Ereignisse oder die Begegnung von Lebenden und Sterbenden bzw. Toten über beliebige Entfernungen hinweg. Von diesen abnormen Eindrücken können alle Sinne erfaßt werden. Die zentrale Frage zu diesem Thema formuliert Bernhart so: "*Wie ist es möglich, daß Vergangenes, Künftiges und in der Ferne geschehendes Gegenwärtiges sich unseren Sinnen mitteilt?*"[33]

Bei der Beantwortung kommt er auf ihm längst liebgewordene Gedanken zurück; ein dem Fluß der Zeit Vorauseilen erklärt diese Fähigkeiten und Phänomene; es werde dabei deutlich, daß die Welt und unser Leben an sich schon längst fertig seien. Diese Wahrneh-

[31] Chaos und Dämonie, S. 32.

[32] J. Crawolf (Ps. für Bernhart), Über "Totenanmelden" und Ähnliches, in: Sonntagsbeilage der "Schlesischen Volkszeitung", 1917, Nr. 21, S. 142 - 145.

[33] Ebd; auch abgedruckt bei Wachinger, S. 310.

mungen basierten auf einer radikalen Umkehrung der Erlebnisbahn, es ist der Weg von innen nach außen: "*Jenes uns verborgene Innerste unseres Ich wird irgendwie berührt, erregt, die Wirkung im Bewußtsein leitet sich durch das Gehirn fort in die Nerven, die nun ihrerseits eine Wirkung zustande bringen, die wir für sinnlich und der Außenwelt zugehörig halten.*"[34]

Sympathetische Fühlung, in der Raum und Zeit in ihrer prägenden Stellung zurücktreten[35], wo wir teilnehmen an dem, was alle Dinge zusammenhält. "*Dieses unsterbliche Teil an uns, vielfach verschleiert, verdunkelt und verschüttet, steht ohne unser Zutun in Gemeinschaft mit dem Ganzen der Welt, aber was es weiß und vernimmt, bleibt unserem alltäglichen Ich fast immer verborgen; zuweilen nur, in Ahnungen, Träumen, in Erlebnissen, wie das zweite Gesicht, wirkt es durch die Verschalung von Wille, Trieb, Verstand, in die wir eingepanzert sind, hindurch in unser Bewußtsein.*"[36]

Auch für das Tierreich will Bernhart ein Verhältnis zu Raum und Zeit feststellen, das unserer Erfahrung spotte[37]. Das Tier sei in unmittelbarerer Fühlung mit den Dingen der Ferne und den Sachverhalten der Zukunft, kurz, im Tierreich herrschten andere Formen des Weltempfanges als beim Menschen. Wieder versucht er diese Phänomene mit dem "id quod continet omnia", für das er den Be-

[34] Bei Wachinger, S. 316.

[35] Die unbeweinte Kreatur, S. 117

[36] Bei Wachinger, S. 315f.

[37] Die unbeweinte Kreatur, S. 118.

griff Weltseele gebrauchen will, zu erhellen[38]. Bernhart gesteht ein, daß der Begriff Weltseele in Verruf gekommen sei, aber seine Läuterung zu christlicher Brauchbarkeit sei sehr wohl möglich. Er vergleicht seine Konzeption der Weltseele mit Erklärungsmodellen etwa des Taoismus oder des Hinduismus[39]. All diesen Versuchen liege das gleiche Bedürfnis des Menschen zugrunde: "*Der Vielheit des Erscheinenden gegenüber hat der Mensch, wie die Geistesgeschichte ausweist, das Bedürfnis, alles als ein Ganzes, mithin die Welt der Dinge als Zusammenhang aufzufassen.*"[40] Mit Gregor von Nyssa nennt er sie die kosmische Sympathie, dann greift er zurück auf die Weisheitsvorstellung des Alten Testaments. Immer wehrt er sich dabei strikt gegen den Pantheismus und unterstreicht den geschöpflichen Charakter auch der Weltseele. Bei aller Notwendigkeit der analogen Redeweise in diesem Bereich sei die Weltseele nicht etwas additiv Zusammengesetztes, sondern eine organische Ganzheit, "*die trotz aller Diskontinuität der Wesenheiten und Ordnungen offenbare und für jeden Weltbegriff zwingende Vorstellung der Kontinuität des Alls.*"[41]

1.2 Eine Konkretion: Die geschieden geschaffene Welt

Die Differenzierung und die zwischen dem Individuierten waltenden

---

[38] Vgl. dazu Joseph von Görres, Mystik, Magie und Dämonie. Die christliche Mystik in Auswahl, hg. von Joseph Bernhart, München und Berlin 1927, Einleitung, S. 13.

[39] Ebd., S. 121; dazu auch Erinnerungen, S. 15.

[40] Ebd.

[41] Ebd., S. 133. Später wird er von der Kirche als der Idee des Kosmos sprechen: Kosmos und Hierarchie, BSB Ana 383, U 18.

Kräfte sind ein Zentralthema Bernhart'schen Denkens. Er berichtet in seinen Erinnerungen von frühzeitigen Erlebnissen in der Kindheit, die ihm später prägend und signifikant werden für seine Anschauung und sein Verständnis der Dinge[42]. Das erste Erlebnis konfrontierte ihn radikal mit den Grenzen, der Endlichkeit der Dinge, mit ihrer Zerstörbarkeit: es war die Quaste des Schuhes, die beim Spielen abriß; er fühlte sich schuldig an einem unheilbaren Verderben, er empfand im Alleinsein Furcht wie vor einem persönlichen Bösen. Das zweite Erlebnis bezeichnete er als den seligen Gegenpol des Seins. Und das Sein erschließt sich ihm als das Ja und Nein, das So und Nicht-So: "*...in der ich irgendwo am Rande des Rinnsals im Grase lag, umgeben von Blüten, über denen kleine himmelblaue Falter schwärmten. Tappte ich nach ihnen, so flohen sie; blieb ich ruhig, so saßen sie den Blumen auf und ließen sich genau betrachten. Ich liebte aber beides, das Sehen und das Scheuchen, und nahm in diesem Wechselgenuß das Ja und Nein, das So und Nicht-So voraus...*" Und Bernhart kommt von diesem Erlebnis zu Platons Dialektik des Seins und des Denkens[43].

Subjekt, Objekt und den zwischen ihnen waltenden Erkenntnisvorgang sieht er im dritten Erlebnis vorgeprägt: "*...fesselte mich der Anblick der Fische. Im Schauen, vielmehr im Starren verlor ich mich an die fremden Wesen, und was von mir selbst noch übrig blieb, war nur das Verlangen, auch ein Fisch zu sein.*"[44] Das Schauen, das er als Verwandlung ins Geschaute nahm - die magische Stufe des Umwerdens bezeichnet er retrospektiv dieses Erlebnis. Er

[42] Erinnerungen, S. 14.

[43] Ebd., S. 26.

[44] Ebd., S. 15.

sieht dieses Gefühl der Identität alles Seienden, das naive Weltgefühl des primitiven Menschen, der intellektiven Identität voranliegen: Im Akte des Erkennens bleibt trotz der Identität von erkennnendem Subjekt und erkanntem Objekt das kritische Bewußtsein. In diesen drei Erlebniserzählungen gewinnen die wesentlichen Elemente des Denkens Bernharts in der Rückschau der Erinnerungen Gestalt.

"*Die Welt ist von Haus aus defektiv.*"[45] So denn auch die Grundthese Bernharts in einem 1944 ausgearbeiteten, aber nicht gehaltenen Vortrag über das Geheimnis der Bosheit. Diesen Befund will er nicht erst nach einem primus lapsus des ersten Menschenpaares als gültig ansehen, sondern "*so liegt es schon in der Urordnung begründet, nach der sie (sc. die Welt) angelegt und gebaut ist*"[46]. Chaos ist das Wort, das Bernhart in dieser Zeit bereits für die Bezeichnung des Urzustandes bemüht: Es ist gottgewolltes, von Gott geschaffenes Reich der Zwiemöglichkeit. Es ist sein bevorzugtes Bild vom unaufhörlichen Streit der Gegensätze, die gleichsam wie Pole immer zugleich gegeben sind; der Ursprung ist das Eine, das auseinanderstrebend zusammenstimmt. Die Gezweiung allen Lebens, die nach Einigung und Vollendung in einer Drittheit ringt.

Alles Endliche ist nicht selbstgenügsam, es ist ins Verhältnis der Polarität gespannt. Die allgemeine Angewiesenheit eines Etwas auf ein anderes Etwas sieht Bernhart als eine Uranlage des ganzen raumzeitlichen Weltgeschehens, "*eine Uranlage, mit welcher wesensmäßig, nicht erst von etwelcher geschichtlichen Veschuldung*

[45] Geheimnis der Bosheit, BSB Ana 383, U 20, S. 4. Ebenso Tagebuch, Bemerkung 389, vom 22. April 1945: Dort schreibt Bernhart auch, daß Thomas mit seiner These "Nullus defectus reducitur in Deum sicut causam" (I 49, 2c; II-II 161, 1 ad4) nicht gegen Gott sondern für Gott beweise, weil die Seinsmängel als desiderium auf Gott verwiesen; der Mangel also als Disposition auf Erfüllendes hin.

[46] Geheimnis der Bosheit, S. 4.

her, auch Übel gegeben ist."[47] Zu Gottes Schöpfungstat gehört die Scheidung in Licht und Finsternis, in Wasser und Land. Es entstand das Reich der auseinanderliegenden Dinge, die eines und nicht das andere sind. Alles auf der Welt ist in Art und Gattung geschieden und in Einzelwesen versondert. Die Einzelwesen stehen in ihrem Sondersein und zugleich in der Verschränkung mit nahem und fernem Mitsein, denn zumindest das Seien ist es, das all die Dinge umfaßt und sie im Innersten miteinander verbindet. Alles in der Welt strebt auseinander, will sein Sondersein sein und will zugleich die dadurch entstehende Gespaltenheit wieder überwinden im Streben zum anderen, Glück und Leid, die aus dem Gesetz der Individuation resultieren[48].

Alles Seiende ist mangelhaft, hat Not um anderes: Das desiderium naturale. Jenes Suchen und Langen drückt Bernhart, nicht ganz ohne Anleihe bei Platon, mit dem Begriff Eros aus[49]. Alles Seiende strebt nach voller Wirklichung, aber nach seiner je vollen Wirklichung. Und so tritt neben den Eros, neben das mystische Streben nach Entselbstung auch der Polemos, das Gesetz der Abstoßung, der isolistischen Verselbstung, ja des Kampfes und des Hasses. Beide zusammen, Eros und Polemos, verleihen der Weltordnung den Charakter des Dramatischen, "*den die alte Formel ausspricht concordia discors oder auch discordia concors: zwieträchtige Einheit - ein-*

---

[47] Chaos und Dämonie, S. 34.

[48] Am deutlichsten wird seine Konzeption in einem sehr komprimierten Ausschnitt in "Sinn der Geschichte", wo er von der Gezweiung und dem Drang zum Dritten und vom Subjekt-Objekt-Ringen als geschichtlicher Triebkraft spricht (Chaos und Dämonie, S. 44-46).

[49] Zum Eros bei Platon vgl. Graefe, Steffen, Der gespaltene Eros. Platons Trieb zur "Weisheit", Frankfurt/M. 1989. Dazu auch den Abschnitt über den Eros unter VI.

trächtige Zwietracht. Und gleichsam in höchster Anschaulichkeit zusammengezogen manifestiert sich die Dramatik der Natur im Urphänomen der Polarität"[50]. Polarität, ein Urwort bernhartisch, ein Schlüsselwort für den Zugang zu seinem Denken[51]. So kommt denn Bernhart zu dem Fazit, daß das Übel nicht etwas sei, das neben dem Guten sei, sondern das Übel sei dem Guten selbst als ihm innewohnender Gegensatz einverspannt.

Eng verquickt ist dieses Gesetz der Geschiedenheit und Vereinigung mit dem Gesetz der Zeit, dem Gesetz des Werdens in Potenz und Akt.

Beide sind sie Bausteine des Gesetzes der Endlichkeit, dem diese Schöpfung unterliegt. Kurz: Die Kreatur ist das durch Gott und auf Gott hin seiende Nichtgottseiende. Aus dieser Grundtatsache ergibt sich all die Unruhe, das Streben der Welt: Omne esse tendit esse perfectum[52].

Bernhart bringt seine Gegensatzanschauung in einer Tagebuchbemerkung in verschärfter Form auf den Punkt[53].

Die Dramatik ist mit der Offenbarung nicht aufgehoben, sondern zur Tragik verschärft worden: Die Welt steht höher in der Herrlichkeit und zugleich tiefer in der Seinsnot[54]. Das Christentum, die - im paulinischen Verständnis - Kinder Gottes sind nach Bernhart das

---

[50] Chaos und Dämonie, S. 33.

[51] Vgl. auch Die unbeweinte Kreatur, S. 114 - 116.

[52] Chaos und Dämonie, S. 32.

[53] Tagebuch, Bemerkung 530, vom 30. November 1946.

[54] Chaos und Dämonie, S. 37; Tragische Welt, in: De profundis, S. 155 - 192; Tagebuch, Bemerkung 320.

befreiende Gegenstück zur bloßen Natur[55]. Für das esse perfectum zieht Bernhart die bildliche Darstellung der göttlichen Dreifaltigkeit heran: "*Die thronende väterliche Allmacht trägt und hält auf ihrem Schoße, im Wechselblicke ewig anschauender Begegnung, das in Raum und Zeit verwundete, geopferte Ebenbild, den Menschensohn, während als Vaterschaft und Sohnschaft verknüpfendes Liebesband der Geist in heiliger Drittheit weht, des Vaterseins und Sohnseins Sinn und Schluß in Person. Nichts anderes soll uns hier das Bild der innergöttlichen Lebensganzheit bezwecken, als im christlichen Ausdruck die vollkommene Fülle des Seins, das auch den ewigen Gedanken der menschlichen Kreatur in sich begreift, dem Bewußtsein gegenwärtig zu machen.*"[56]
Ein weiteres Mal und noch deutlicher läßt sich dieser Ansatz am Menschenbild konkretisieren: Bernhart geht es um das von Gott gerufene Individuum, das im physischen Bereich hineingestellt ist in die Polarität, diese Polarität erkennt und von seiner Seinsverfassung her die Antagonismen aushalten muß.

2. Zum Menschenbild

2.1 Der Mensch, das animal rationale

Der Mensch ist mit seiner Natur verspannt nach oben und nach

[55] Die unbeweinte Kreatur, S. 113.

[56] Sinn der Geschichte, S. 44.

unten[57]. So muß Bernhart bei der Betrachtung des Tieres auch auf den Menschen zu sprechen kommen: die aristotelische Formel vom animal rationale[58]. Als animal, als leiblich dem Tier verwandtes Wesen, habe der Mensch verschiedene Stufen der Entwicklung durchlaufen; auch hier verwirft er den Entwicklungsgedanken der modernen Naturwissenschaft nicht. Im Vergleich zum animal aber ist der Mensch ein Lebewesen, ausgestattet mit Wille, Vernunft und Freiheit zur Selbstbestimmung; so steht er der Fülle des Zubestimmten, Schicksalsmäßigen gegenüber. Daraus resultieren seine Würde und seine Gefahr: der homo animal ist berufen, sich zum homo humanus zu erheben[59]: "*Was ist doch der Mensch für eine verächtliche Sache, wenn er nicht über den Menschen sich erhebt.*"[60]
Der Mensch allein hat die Macht zum Wort, er allein kann die Kluft, die ihn vom Tierreich trennt, erkennen[61]. Diese discretio trifft nicht nur die Unterscheidung von Bereich zu Bereich, von Art zu Art, sondern auch innerhalb einer Art, von Individuum zu Individuum.

2.2 Zum Problem der Individuation

---

[57] Die unbeweinte Kreatur, S. 65.

[58] Ebd., S. 63 - 70.

[59] Mensch und Christ, BSB Ana 383, U 76, S. 2f.

[60] Ebd., S. 3

[61] Die unbeweinte Kreatur, S. 75: "Der Akt,in dem er sich selbst erfaßt, ist ein geistiger, und in ihm geschieht es zugleich, daß er, der Mensch gegen alles übrige Lebendige als nicht seinesgleichen Lebendiges sich absetzt."

Bernharts Vorliebe für Dichtung und Philosophie kommt nicht nur daher, daß beide vom Zusammenhang der Dinge zeugen[62], sondern als dichterischer und geschichtlicher Denker beschäftigt ihn immer wieder die Individualität, das Problem der Individuation[63].

Weder bei Thomas noch bei Duns Scotus findet er mit dem Hylemorphismus die ihn befriedigende Antwort auf diese Frage: Bei Thomas erhalte die Form nur eine für sie tragische passive Rolle zugewiesen, da ja die Materie als materia signata das Individuationsprinzip ist, wobei die materia signata wieder eine höhere forma signans erfordere; Scotus habe, da er dem Problem mit dem bisherigen Begriffspaar Materie und Form nicht beikommen konnte, einen willkürlichen Griff auf die haecceitas getan. Die materia signata wie die haecceitas seien plötzlich da wie der deus ex machina, weil die machina des Dichters nicht anders auskomme. "*Also, scheint mir, mit dem hylemorphischen Hebel ist dem Problem nicht beizukommen. Wie anders? Das bleibt mir die Frage.*"[64] Bernhart wird diese Frage letztendlich nicht philosophisch, sondern theologisch lösen; hier liege nicht ein Problem, sondern ein Geheimnis vor, "*das im frei bestimmenden Willen des Schöpfers gründet, des Herrn über Maß, Zahl und Gewicht*"[65]. Bernhart spricht vom Charakter, von der Prägung durch den Schöpfer, von dem Daimon im antiken Sinne, von der präformierten Gestaltlichkeit und vermag hier die Verbindung zu finden von Bibel und Platon.

---

[62] Wie er in seinem Tagebuch am 4. März 1905 festgestellt hat.

[63] Die unbeweinte Kreatur, S. 74 - 105; Gestalten und Gewalten, S. 206 u.ö.; Tagebuch, Bemerkung 238.

[64] Tagebuch, Bemerkung 238.

[65] Leib und Verleiblichung, in: Gestalten und Gewalten, S. 206.

2.3 Der Mensch als Leib-Seele-Wesen

Bernhart bringt als Beispiel für die Verleiblichung die Sprache: Das Geistige, das vom Sprecher in den Leib der Sprache gelegt wird, der geistige Sinn, der vom Hörer aus dem Sprachleib wieder herausgeschält wird: er spricht von einer "*gegenstrebigen Vereinigung*"[66], von einem Antagonismus. Den Zwiespalt zwischen Versinnlichung und Entsinnlichung sieht er gerade auch im religiösen Bereich: der menschliche Geist, der wieder und wieder in der Gefahr der Gnosis steht, den Körper nur als ein abzustreifendes Gewand anzusehen, und das johanneische Verbum, das Fleisch geworden ist und damit den Antagonismus von theiosis, von der Bewegung des Sinnlichen zum göttlichen Wort, und sarkosis, dem Gegenlauf vom Wort zum Fleisch in seine Vollgültigkeit eingesetzt hat. Dieses fleischgewordene Wort sieht er drittens als den, der im Menschen Widerstreitliches in eins gebunden habe[67]. Das Leib-Geist-Sein ist ein "*innigster Verbund der Zwie-Einigkeit*"[68].

Wie der Sinn im Wort, das Wort im Sinn, so stehen Leib und Geistseele miteinander in einer Zwie-Einigkeit; dabei stellt Bernhart freilich zweierlei "in" fest. Er exemplifiziert dies am Baum, der im Saft steht: Der Saft ist etwas Wirksames in einem Hier-Da, in einem gegrenzten Organismus. Damit der Baum in seiner Vollkommenheit existiert, muß der Saft in ihm sein; das in actu esse des Baumes hängt vom Saft ab. "*Das erste 'in' entspringt also der physischen*

[66] Ebd., S. 230.

[67] Ebd., S. 237.

[68] Ebd.

Betrachtung und macht eine die räumliche Wirklichkeit betreffende Aussage, das zweite 'in' entspringt der metaphysischen Betrachtung, welche feststellt, daß der Baum, dieses Individuum hier und jetzt, von seinem höchsten tätigen Wirkprinzip, seiner Entelechie, völlig eingenommen ist."[69]

Genauso gehört auch die Materie dem Geiste ein, der wiederum nur durch sie wirkt, wie umgekehrt der Geist das Wirkende in der Materie ist. Um diese Verquickung auf den Begriff zu bringen, will Bernhart den Begriff Koinzidenz anwenden, wenn man ihn aufs strengste von der Identität zu scheiden wisse.

2.4 Der Mensch in der Polarität von Mann und Frau

"*Faßt man den Eros als den Drang und Zug des Menschen, des in seiner Leiblichkeit durch die geistige Seele geformten animal rationale, das Heil seiner Natur, der männlichen oder weiblichen, in Verbindung und Austausch mit der ihm je polar entgegengesetzten Seinsweise zu suchen, so wird man in diesem spezifisch menschlichen Eros den wurzelhaften Ursprung jeglicher Liebesbewegung überhaupt erblicken dürfen."*[70]

Bernhart fordert, nicht bei der psychologischen Betrachtung des Eros stehen zu bleiben, sondern ihn in die Seinsgründe hinein zu verfolgen, ihn also metaphysisch zu betrachten, denn seine Erosvorstellung beschränkt sich nicht auf den anthropologischen Bereich, er sieht diese Grundkraft im platonisch weit gefaßten Verständnis

---

[69] Tagebuch, Bemerkung 243.

[70] Metaphysik der Liebe, in: Gestalten und Gewalten, S. 185.

zwischen allem Seienden walten; seine höchste Ausprägung findet er freilich im menschlichen Bereich. "*Mag immerhin der Eros eine Tatsache der affektiven Sphäre des Menschen sein, weil er von der werthaften Seite seiner Gegenstände bewegt wird, so erlaubt er doch, ja fordert die metaphysische, die auf den Seinsbau gehende Anschauung.*"[71] Die klare Antwort findet Bernhart in der biblischen Anfangsgeschichte. Der Mensch, der geschaffen ist als Mann und Frau. "*Hier erscheinen die Geschlechter in polarer Sympathie zueinander bestimmt, sie sind definitiv und unaufhebbar die gezweite Prägung der Idee Mensch und hierdurch auch auf diese hinausverwiesen, gleichsam auf ein Menschsein dritten Ortes, das im tatsächlichen Geschehen von Natur und Geschichte nie und nimmer gegeben ist.*"[72] Diese polare Sympathie ist eine Folge des Personseins - von Personsein kann nach Bernhart nur auf Gott hin gültig gesprochen werden -, das Mann und Frau in unterschiedlicher Teilhabe am göttlichen Urbild ausprägen. Platonisch hört sich hier seine Redeweise noch an, wenn er das Dritte als die Idee Mensch bezeichnet, aber er konkretisiert sehr schnell zum göttlichen Urbild hin; allein von diesem Gedankengang her muß Bernhart die Sakramentalität der Ehe und damit ihre Unauflöslichkeit fordern[73]. Es ist wesentlich dem Gesetz der Polarität, daß das Personsein in der Verwirklichung des Geschlechterdramas nicht nur gewahrt bleibt, sondern noch gestei-

---

[71] Ebd.

[72] Ebd., S. 190.

[73] Der eheliche Mensch, in: De profundis, S. 87 - 152.

gert wird[74]. Es ist der Eros, der drängt, das Nicht-Eine aufzuheben in das Eine; er bleibt mit seiner Forderung nach Aufgehen vom Menschen im Menschen wesentlich unerfüllbar. So ist es unerläßlich, daß er seine geistige Erhellung findet: Eros als Eros allein ist Naturgewalt. Das Freiheitliche, das Charakteristikum des Personseins, hat hier in Wirkung zu treten gegenüber dem Fatalen, als das sich die Naturgewalt erweist. Es gilt zu erkennen, "*daß mit seinem Eros von Anfang etwas Überbietendes, ja Überlegenes gemeint war.*"[75] Wie dieses Überlegene in der Weiterführung vom blinden zum sehenden Eros und von dort zur Liebe, zur höchsten Liebe und höchsten Freiheit besteht, zeigt Bernhart in einem herrlich fingierten Dialog, der nicht nur im Inhalt, sondern auch in seiner Form sein Anliegen Gestalt werden läßt - in Schrift geronnene Erfahrung[76]. Man meint in diesem Nachdenken über den Eros und seine Erlösung in der Liebe Martin Bubers dialogisches Prinzip zu hören, nur daß das diesem Dialog überschwebende Dritte - der Sinn jeder Gemeinschaft - nicht ein nicht näher bezeichnetes Fluidum ist, auch nicht die Idee Mensch, sondern Christus.

2.5 Der Mensch als Person in einer organischen Gemeinschaft

---

[74] Metaphysik der Liebe, S. 191: "...so will auch die Naturbeziehung der Geschlechter, die nie als solche allein, sondern als verschränkt mit allem eigentümlich Menschlichen gegeben ist, etwas dem gottebenbildlichen Selbstand der Person Gemäßeres aus sich hervortreiben, als es ohne die verwandelnde Macht einer den Eros übersteigenden Sphäre des Personseins jemals möglich wäre."

[75] Ebd., S. 193.

[76] De profundis, S. 143 - 148.

Bernhart sieht die individuierte Person mit einem Allzusammenhang vernetzt, nicht zuletzt deshalb kann er zu seiner Vorstellung der Weltseele gelangen. Diese Vernetzung deutlich zu machen, die immer einen Antagonismus trägt, wie er sich zwischen Teil und Ganzem abspielt, gesteht er der tiefenpsychologischen Analyse zu. Das kann aber für Bernhart letztlich nicht zu dem Ergebnis des "Es lebt mich" führen[77]. Der Mensch kann für Bernhart nie nur Teil einer Masse sein, er muß sich von seinem Ansatz her strikt gegen jeden Kollektivismus wenden, sei er nun nationalistisch oder sozialistisch motiviert. Der Mensch kann nur als Glied einer Gemeinschaft gesehen werden, "*als eigentümlich geprägtes und berufenes Organ eines leibartigen Ganzen*"[78]. Die organisch aufgebaute Gesellschaft, die sich zusammensetzt aus Individuen, aus Prägungen, mit all den zwischen diesen waltenden Kräften, die bei jeder Vereinseitigung aufgehoben werden würden. So bezeichnet er den Kollektivismus als die "*Entwesung der menschlichen Person zu einem animal sociale, von dem nichts weiter mehr erwartet wird als das Funktionieren nach Art eines Teils in der Maschine.*"[79] Den verabsolutierten Fortschrittsgedanken, den Technizismus und den Kollektivismus sieht er Hand in Hand gehen; die Ursachen sind beheimatet in dem Glauben, die Schlüsselgewalt über das Dasein liege in der Hand des Menschen selbst[80]. Was dann in der Folge fehlt, ist die Ehrfurcht vor

---

[77] Vgl. dazu Sinn der Geschichte, S. 138f.

[78] Ebd., S. 139; Tragik im Weltlauf, S. 66.

[79] Humanitas, in: Gestalten und Gewalten, S. 377.

[80] Zu seiner Auffassung über die Dämonie der Masse und die in der Vermassung erfolgende Depersonalisation vgl. Dämonie in der Geschichte, in: Gestalten und Gewalten, S. 399 - 407.

dem, was unter, neben und über dem Menschen ist. Mit der Einebnung der Hierarchie der Wesenheiten - Bernhart übersetzt gern mit "Heiligordnung"[81] - werden tiefste Wirklichkeiten annulliert.
Allein die Humanität der Offenbarung garantiert nach seiner Auffassung dem Menschen seine Würde, die er in einer organischen Gemeinschaft am besten garantiert sieht: Bei allem Vorbehalt bis Pessimismus der Masse gegenüber steht Bernhart auch der Demokratie sehr kritisch gegenüber, da er auch hier die Gefahren einer rein zivilisatorischen Betriebsamkeit lauern sieht.[82]

---

[81] Das Stehen des Heiligen in der Geschichte, BSB Ana 383, U 75.

[82] Sinn der Geschichte, S. 139.

3. Zu Bernharts Denken des Tragischen

Thematisch auf den Punkt gebracht findet sich das Problem bei Hermann Hesse: "*Nehmen wir irgendeines dieser Gegensatzpaare als Beispiel, etwa das des Heiligen und des Wüstlings, so wird unser Gleichnis alsbald verständlich werden. Der Mensch hat die Möglichkeit, sich ganz und gar dem Geistigen, dem Annäherungsversuch ans Göttliche, hinzugeben, dem Ideal des Heiligen. Er hat umgekehrt auch die Möglichkeit, sich ganz und gar dem Triebleben, dem Verlangen seiner Sinne hinzugeben und sein ganzes Streben auf den Gewinn von augenblicklicher Lust zu richten. Der eine Weg führt zum Heiligen, zum Märtyrer des Geistes, zur Selbstaufgabe an Gott. Der andere Weg führt zum Wüstling, zum Märtyrer der Triebe, zur Selbstaufgabe an die Verwesung.*"[1] Was Hesse hier den Steppenwolf aufzeichnen läßt, ist nichts anderes als das paradigmatische Gegensatzpaar aller Dramatik. Es sind die beiden Extreme, zwischen denen angeblich bürgerlicher Ordnungssinn sich häuslich einzurichten versucht.

Wer nun in Zeiten des Zusammenbruches bisher tragender Ordnungen, in denen scheinbar das Chaos die Herrschaft übernimmt, nach sinnstiftenden Antworten frägt, wird an diesem grundlegenden Spannungsgesetz nicht umhinkommen.

Das Stehen von Gesetz gegen Gesetz ist bereits der spannungschaffende Grundsatz antiker Dramatiklehre. Tragik tritt gerade dort in ihr Recht, wo Göttlich und Menschlich aufeinanderprallen. Welche Intensität muß die Tragik, die Bernhart im Sirachwort "Alle Dinge sind zweifach, das eine gegenüber dem anderen..."(42, 24) ausge-

---

[1] Steppenwolf, Frankfurt 1974, S. 58.

wiesen sieht, im Ergehen des Wortes der Offenbarung an die Welt gewinnen?

Aristoteles definiert die Tragödie als die nachahmende Darstellung von Handeln und Leben, als die mimesis einer Handlung[2]. Ernst müsse sie sein, in sich abgeschlossen und von einer gewissen Größe. Mit Mimesis meint er das Schaffen einer Ähnlichkeit, die nicht notwendig eine exakte Kopie sein müsse. Das Tragische müsse die Katharsis als Effekt haben.

Nietzsches Verweis auf Heraklit mit den Worten: "*Das, was er schaute, die Lehre vom Gesetz im Werden und vom Spiel in der Notwendigkeit, muß von jetzt ab ewig geschaut werden: er hat von diesem größten Schauspiel den Vorhang aufgezogen*"[3] deutet auf den gedanklichen Ursprung der Tragödie.

Nach Aristoteles' Definition scheint die Tragödie nur in der Kunst zu existieren, Nietzsche hingegen unterstreicht, sie sei bereits für Heraklit ein Grundgesetz des Lebens.

Für **Goethe**, den "Dichter des Lebens in seiner Ganzheit"[4], besteht der Rhythmus des Lebens im Einatmen und Ausatmen, in Ich und Welt, im Endlichen das Aufscheinen, die Bedrängnis des Unendlichen. Das Tragische ist das dunkle Substrat des menschlichen Schicksals; nicht letztlich zu erklären, geschweige denn aufzuheben im Irdischen. Nicht so sehr, daß das Schlechte wider das Gute steht, als vielmehr, daß Gutes und Gutes widerstreiten können, gerät dem Menschen zum tragischen Schicksal. Naturnotwendig oder Schicksal

---

[2] Poetica 1449 B.

[3] Nietzsche, Friedrich, Die Philosophie im tragischen Zeitalter der Griechen, in: Werke in vier Bänden, hg. von G. Stenzel, Salzburg 1985, S. 564.

[4] Trunz, Erich, Nachwort zu 'Die Leiden des jungen Werther', in: Goethes Werke Bd. IV (Hamburger Ausgabe), München [12]1989, S. 542.

des Menschen, ja weltdurchwaltendes Schicksal und sittliche Welt des Menschen, also Freiheit der geistigen Person, stehen gegeneinander[5].

"*Es führt bis in jenen unbegreiflichen Bereich, wo die Gottheit selber rätselhaft wird, mit sich selbst im Streite liegt.*"[6] In diesem für den menschlichen Geist unbegreiflichen Bereich siedelt Goethe die Kategorie des Dämonischen an[7].

"*Weil alles in der Welt da ist, was sein kann: so muß auch das Entgegengesetzte da sein, und ein Gesetz der höchsten Weisheit muß eben aus diesem Entgegengesetzten ... ein System bilden.*"[8]

Für **Herder** ist das Hauptgesetz der Welt, nach dem sich die verschiedensten Kräfte ordnen, das Gesetz des Hasses und der Liebe. Die Erforschung der Wahrheit heißt für ihn der Natur nachgehen, ihre Gesetze erkennen, die heilige Notwendigkeit wahrnehmen und sich anbilden. "*...sind wir bloß Zuschauer? Sind wir nicht selbst Schauspieler, Mitwirker der Natur und ihre Nachahmer? Herrschen im Reich der Menschen nicht auch Haß und Liebe? Und sind beide zur Bildung des Ganzen nicht gleich notwendig?*"[9]

Hegel entwirft metaphysische Theorien der Tragödie. Der tragische Held repräsentiert im Leben wie im Drama begrenzte Kräfte, ist identisch mit ihnen. Das Tragische besteht gerade in dieser Identifi-

---

[5] Vgl. dazu Wiese, Benno von, in: ebd., S. 680. Vgl. auch Dichtung und Wahrheit, 20. Buch.

[6] Ebd., S. 681.

[7] Hankamer, Paul, Spiel der Mächte, Tübingen 1948.

[8] Herder, Johann Gottfried, Gott. Einige Gespräche, in: Herder Lesebuch, Berlin und Weimar [12]1986, S. 156.

[9] Ebd., S. 157.

zierung, denn sie macht den Helden einseitig und damit inkompatibel mit den Forderungen der allgemeinen Gerechtigkeit[10].

Nietzsche, dem Tragiker par excellence, erwuchs die Erkenntnis des Tragischen aus dem ureigensten Betroffensein. Die Zerstückelung der Persönlichkeit, die nur in der Kunst gelingen kann, in der Überwindung des Ekels am Dasein. Traum und Rausch, das Apollonische und das Dionysische müssen vermittelt werden, um den Zwiespalt im Herzen der Welt überwinden zu können. Als metaphysischer Trost bleibt, daß das Leben im Grund der Dinge nicht zerstörbar ist. "*...die Ahnung, es müßten Friede und Aufruhr auch im Gange des Menschlichen nach Art eines Gesetzes zusammenwirken und alle Geschichte lasse sich im gleichen Recht sowohl discordia concors als concordia discors nennen. Hätte Nietzsche sein Leben ohne die lange Umnachtung ausgelebt - vielleicht wäre seine Entscheidung für Dionysos gegen den Gekreuzigten nicht sein letzter Schritt geblieben.*"[11]

Bereits den 19-jährigen Bernhart trieb der Tod Nietzsches tief um. Nietzsche hatte sich für die Ästhetik als Problemlösung, als Lebensfindung und gegen Gott entschieden. Umso schmerzlicher empfindet es Bernhart in einer Zeit, die vielfältig über das Tragische reflektiert[12], als einen Mangel, daß der Brückenschlag zwischen Christentum und antiker Tragödie nicht gelungen ist: "*Die christlichen Zeiten*

---

[10] Hegel, Georg Wilhelm Friedrich, Einleitung in die Geschichte der Philosophie, hg. von J. Hoffmeister, Hamburg ^{3}1959, S. 56 - 59 und 188 - 191.

[11] Bernhart, Erinnerungen, S. 100f.

[12] Etwa Ziegler, Leopold, Zur Metaphysik des Tragischen, 1911. Unamuno, Miguel de, Del Sentimento tragico, Madrid 1913. Weber, Alfred, Das Tragische und die Geschichte, München 1942. Volkelt, Johannes, Ästhetik des Tragischen, München ^{4}1923.

hinwiederum geraten, wenigstens im Westen, trotz herrlicher Werke, vielleicht gerade durch sie, in einen eigentümlichen Notstand zwischen Schönheit der Gestaltung und profaner Wahrwirklichkeit des Christlichen. Empfindlich ist der Ausfall eines gemäßen Dramas, womit ich die Tragödie meine. Die größte war freilich schon in den Evangelien geschrieben. Paulus ist reich an tragischen Motiven des Christseins, die an Abgründigkeit die antike Problematik des Menschen noch übertreffen. Aber aus vielen Ursachen, die hauptsächlich in der Geschichte der Kirche liegen, blieb der Christenheit ihr tragisches Theater vorenthalten."[13]

Lüge und Wahrheit, die im gleichen Augenblick Anspruch auf den Menschen erheben[14], sind umstrittenes Thema der Theologie[15]. Das Tragische ist für Bernhart nie nur eine Dämmerung vor der Offenbarung, nie nur eine Rechtfertigung für die Schuld des Menschen, die als notwendig deklariert wird, sondern in der Offenbarung, im Kreuz in sein eigentliches Recht gehoben, zu letzter Konsequenz zugespitzt.

Die natürliche wie die geschichtliche Welt weisen überdeutlich Züge des Tragischen auf, an denen verantworteter Glaube Fragen herauswirft.[16] Um diese Fragen geht es Bernhart bereits in seiner "Tragik im Weltlauf". Die tragische Welt vor Gott ist das Zentralthema

[13] Erinnerungen, S. 929.

[14] Ebd., S. 315.

[15] Vgl. dazu Wachinger, Lorenz, Streit um das Tragische, in: CiG 27 (1992) S. 221f.

[16] Die unbeweinte Kreatur, S. 118: "Es ist ja immer der Grund zu der Zweifelsnot des Christen im Anblick der natürlichen wie der geschichtlichen Welt. Aber wie wenige sind es auch, die aus Felsenglauben auf die Gnaden der Erlösung trauen und so den Überkräften, die beim 'Offenbarwerden der Söhne Gottes' wirken müßten, sich auftun."

seiner Betrachtungen und Überlegungen im Angesicht der Schrecken des Ersten Weltkrieges und der persönlichen Erfahrung, mit einer Tat bzw. in diesem Fall mit einer Unterlassung richtig und zugleich falsch gehandelt zu haben: "facto pius, sceleratus eodem" wird seine durchgehende Formulierung für dieses Phänomen[17].

Tragik im Erkennen der Natur, in der Geschichte - und damit eingeschlossen im Bereich des Sittlichen - und durch Christus sind drei zentrale Themenkreise.

Ausgangspunkt Bernharts ist die Feststellung, daß das Tragische in der Weltverfassung wurzle[18]. Tragik ist für ihn etwas wesentlich Zeit-gemäßes. Denn mit der Idee des Werdenden finde sich in unmittelbarer Verknüpfung der des Dualismus, ohne den sich der Begriff des Tragischen nicht denken lasse[19].

Materie und Form, Einzelnes und Allgemeines, Zeitliches und Ewiges sind die polar sich gegenüberstehenden Elemente des Tragischen.

Der wesentliche Ursprung unserer Tragik liegt in unserem Zeiterle-

---

[17] Er hatte seinem Vater die Tatsache seiner Verheiratung verschwiegen. Beim Anblick des Toten eröffnete sich sein alter Zwiespalt, daß der Vater die Wahrheit nicht hätte ertragen können, er so aber nie erfahren hatte, "wer sein geliebter Sohn eigentlich gewesen ist" (Erinnerungen, S. 742). Er hatte gut und zugleich schlecht gehandelt.

[18] Tragik im Weltlauf, S. 82f.

[19] "...die Überzeugung, daß das Feste, Sichere und Notwendige im Geschehen die den Weltinhalt stetig gebrauchende Form sei. Der bestimmte Inhalt ist der wechselnde und vergängliche Stoff der sich verwirklichenden Form, diese Form aber ist uns, die wir selbst ihrer Materie zugehören, als denkenden Wesen unbekannt. Die Tragik ist nur das Los des Einzelnen, weil eben dieses Einzelne in seiner Besonderung mit den Ansprüchen des Seienden und Absoluten auftritt und sich selbst zur Form erheben möchte. Da es aber nur Besonderes gibt und alles Besondere Stoff der werdenden Form ist, ist der tragische Konflikt zwischen den sich bemühenden Einzelformen und der allgemeinen Form des Geschehens im Ganzen so dauernd als notwendig" (Ebd.)

ben begründet[20]. Tragik ist eine Wirkung der menschlichen Erlebnisform der Zeit. In unserer Seele müsse etwas bestehen, damit das tragische Erlebnis zustande komme. Geschehendes, Veränderung, Bewegung sind ja nur möglich im Rahmen der Zeitlichkeit. Augustins aeternum internum bezeichnet Bernhart als die dichteste Formel der Menschentragik[21].
Bereits in der menschlichen Erkenntnis liegt ein tragischer Zug, denn was wir ganz haben, erkennen wir nicht, was wir aber erkennen, haben wir nicht mehr ganz; es ist die tragische Spannung zwischen Subjekt und Objekt, die sich im Erkenntnisprozeß zwischen dem Innehabenwollen und der erkennntisnotwendigen Distanz abzeichnet. Daraus entsteht eine schöpferische Unruhe, ein endloses Überbieten des Erreichten[22]. Die Erkenntnis muß letztendlich feststellen, daß die Wirklichkeit für sie unerschwinglich ist. Der unendliche Gegenstand ist als Aufgabe für die Vernunft erahnbar, sie wird dessen aber nie ansichtig, nie habhaft.
Die Sphäre des Sittlichen und seine Antinomien bezeichnet Bernhart als das eigentliche Quellgebiet der Tragik. Da sind die Ansprüche des Körperlichen und des Geistigen, der Leidenschaft und der Vernunft, das Recht des Einzelnen auf Selbstbehauptung gegenüber der Gemeinschaft und das Recht der Gemeinschaft, den Einzelnen ein-

---

[20] Ebd., S. 61 und De profundis, S. 173.

[21] De profundis, S. 172: "Wir endlichen Wesen tragen einen Besitz mit uns herum, halb als gegenwärtige Habe, halb als Anwartschaft, der ein dunkler Bescheid um das Ewige ist, aber zugleich die Grenzen unseres Wissens übersteigt."

[22] "Wir ringen als endliche Wesen mit dem Unendlichen, wir suchen als rational angelegte Wesen eine Welt zu begreifen, die noch ein anderes Gesetz in ihren Gliedern hat als nur das Gesetz der Entsprechung gegenüber der menschlichen Vernunft." (Sinn der Geschichte, S. 47). Vgl. auch De profundis, S. 173.

zuschränken[23].

Jede Differenzierung - gerade des Individuums in der Gesellschaft - ist ein Schritt in den Bereich des Tragischen: die Besonderung, die nur über die Ausgrenzung, über den Mangel zu erreichen ist. So führt Bernhart an, daß die Persönlichkeit eine Verschuldung gegenüber dem Allgemeinen sei[24]. Ausgehend von diesem Gedanken entwickelt er dann die Triebfeder der Mystik als den Versuch der "*Selbstbekämpfung der Persönlichkeit und ihres Zurücktretens aus der Besonderung in die Sphäre des Allgemeinverbindlichen*"[25].

Aus der Anlage des geschaffenen Seins sieht er das Grundwasser der Tragik auch bei Thomas von Aquin hervorbrechen, wenn dieser von der analogia entis spricht: das abgründig verschiedene Sein, das man mit der Kopula "ist" aussagt, je nachdem ob man es auf Gott oder auf das Geschöpfliche bezieht - das Geschöpfliche, das den repräsentiert, von dem allein das 'Ich bin' in Vollgültigkeit ausgesagt werden kann; diese Repräsentation aber geschieht im Auseinander von Raum und Zeit. Man kann mit gleichem Recht von einer nobilitas rerum sprechen wie von deren deficientia. Denn die Würde der Dinge ist Ausfluß jener Seinsherrlichkeit, die sie repräsentieren, ihr Mangel Folge der Beschränktheit, in der sie als Individuen Abbilder des vollkommenen Seins sind. Bernhart faßt diese wesensmäßige Tragik, nicht veranlaßt durch Schuld, Schicksal oder irgendeine Dialektik, in einem knappen Bild zusammen: das Zwielicht von

[23] Tragik im Weltlauf, S. 63f.

[24] Ebd., S. 64.

[25] Ebd., S. 65.

Sein und Unsein[26].

Einen weiteren Ansatzpunkt für das Wirken der Tragik findet er in der Versinnlichung anfangs rein geistiger Werte. Bernhart zeigt sie in 'Tragik im Weltlauf' am Beispiel des religiösen Wertes auf, der anfangs rein geistig gehegt werde, dann im Bestreben, seiner selbst inne zu werden, sich im sinnlichen Ausdruck zu befestigen und schließlich im Kampf um seine Geltung auf Mittel angewiesen sei, "*die den heiligen Absichten seines Ursprungs zuwider und letzten Endes zum unausweichlichen Verderben sind. ...es ist das unausbleibliche Schicksal der menschlichen Dinge, daß sie ihrem ursprünglichen Sinn entgleiten und aus der Ordnung ihres ersten Zusammenhangs in eine neue übergehen.*"[27] Die Ursache für die Tragik dieses Überganges liegt in den verschiedenen Wertordnungen im Bereich des Geschöpflichen. Die geistigen Werte verfallen einer sekundären Wertsphäre, die aber wiederum auch positiv auf die obere rückwirken kann. Mit dem Versinnlichungsprozeß meint Bernhart letztendlich wiederum die Aktuierung der Form an der Materie, das Woran des Werdenden. Das, woran etwas wird, kann aber diesem Werdenden so verderblich als notwendig sein; er spricht von einer immanenten Tragik, daß einer Form ihre Materie Leben und Tod in einem sein könne. Das Ideal, das bei seiner Verwirklichung Federn lassen muß, oft bis zu seiner Verkehrung, wird geradc in der Auseinandersetzung mit dem Negativen an seinen Ursprung erinnert: so wird das Ideal zum Schuldner des Bösen, dem es seine Wiedergeburt verdankt[28]. Tragik ist die Feststellung des Erkennenden. Je

---

[26] Ebd., S. 176f.

[27] Tragik im Weltlauf, S. 71.

[28] Ebd., S. 73.

höher erkannt wird, wie Sein und Sollen auseinanderklaffen, umso deutlicher ist die Tragik. Darin liegt nach Bernhart auch die Katharsis: der Wert wird umso deutlicher in seiner Wertigkeit erfahren, je stärker die Gegenmacht ihn bedroht. Das Tragische wird zum Gericht, zur Kritik, zum Verweis, daß Sinn und Wahrheit dieser aus Sein und Unsein vermischten Welt jenseits liegen müssen[29].
Bereits von diesem Gedankengang her legt es sich nahe, daß Bernhart den Begriff des Tragischen auf Christus anwendet, nicht erst von christologischen Überlegungen herkommend. "*Darum ist das Tragische so nahe bei Gott und Gott im Tragischen so nahe. Es ragt herein als immerwährende, allen zugängliche Eschatologie: wahrhaftig doch eine Sache der Theologie.*"[30] Im Spüren des Tragischen erweist sich der Durst nach dem Ganzsein, nach dem Vollkommensein; damit meldet sich das Heile und Vollkommene im Tragischen. Die Erkenntnis der tragischen Verfaßtheit der Welt eröffnet den "*Ausblick auf ein lichtes Reich von eherner Gültigkeit*"[31].
"*Aber auch herwärts von diesem Reiche ist das Tragische hereingebrochen in die Geschichte und das Sein, ein für allemal und tragischer, als ein Mensch es dichten kann.*"[32]
Die Tragik, die sich bereits bei Christi Kommen erwies, zeigt sich im Schicksal der Verkündigung ebenso wie in Jesu Gottverlassenheit am Kreuz[33].

---

[29] De profundis, S. 187.

[30] Ebd.

[31] Ebd., S. 189.

[32] Ebd.

[33] Tragik im Weltlauf, S. 1; De profundis, S. 189.

Bernharts Nachdenken über die Tragik im Weltlauf wird ihm zur Wesensphilosophie, zum Nachdenken über die Sittlichkeit, zur Geschichtsphilosophie und nicht zuletzt zu einem Kapitel der Christologie.

Die tragische Anschauung der Welt als eine ästhetische

Sieht Bernhart auch die Natur, für ihn die Schöpfung, zuerst immer als Wahres und Notwendiges, so gewinnt dieses Wahre und Notwendige (gerade auch mit dem Mangel) in seinem Blick, mit dem formenden Willen seiner Sprache Gestalt. Da wir menschlich alles ansehen, vernehmen wir auch Menschliches aus dem, was wir ansehen[34]. Wenn die Voraussetzung stimmt, die er in seinen Erinnerungen aufstellte, daß wir von der Landschaft nur nach dem Maße unserer Empfänglichkeit empfangen, dann zeigt sich in seinen Schilderungen und Gestalten eine tiefe Empfänglichkeit, ein sehr feines Gespür für die Schönheit - und wofür er sie als Bürgschaft stehen sieht.

Mehr noch: Bernharts Form, Wirklichkeit anzuschauen und zu verstehen, ist eine ästhetische, insofern letztlich jedes Denken in Polarität ein ästhetisches ist[35].

Tragik ist ein Begriff des poetischen, schöpferischen Verstehens von Geschichte. Hierin liegt auch eine Eigenart seines Denkens, sollte man nach besonderen Verdiensten Bernharts in der Theologie oder

[34] Chaos und Dämonie, S. 27.

[35] Zu diesem Argument vgl. Frey, Gerhard, Kunst als anthropologische Kategorie, in: Sinngestalten. Metaphysik in der Vielfalt menschlichen Fragens. Festschrift für Emerich Coreth, hg. von Otto Muck, Innsbruck-Wien 1989, S. 320 -334, hier besonders S. 324f.

der christlichen Weltanschauung fragen[36]. Bernhart pocht auf die Bedeutsamkeit der Dinge[37], d.h. auf ihre Würde, die sie in ihrem Hindeuten erhalten. Sie sind nicht bloß sinnliche Erscheinung, sondern Erscheinung von etwas. Sie sind Antwort erheischender Anruf an uns: darin liegt die Motivation seines gesamten Denkens begründet. In der Antwort beziehen wir einzelnes auf anderes "und alles insgesamt auf ein ungegebenes Drittes, ohne welches ich und Ding nicht wären, obschon es seinen Ort so wenig in einem der beiden oder beiden zusammen hat, daß es eher anzunehmen zwingt, beides habe seinen Ort in ihm"[38]. Diese antwortende und verbindende Stellungnahme will im Menschen zum Ausdruck kommen; in diesem Ausdruck - welchen Mediums er sich auch bedient - äußert sich Anschauung des Daseins, des Daseins in seiner Geschichtlichkeit.
Auf diesem skizzierten Hintergrund versteht Bernhart Nachahmung, die aristotelische Konzeption der Kunst als Nachahmung der Natur, wobei eben nicht eine allein mit Auge und Ohr empfundene Welt, sondern die wirkende Natur Gegenstand der Nachahmung sei: die sinnliche Vergegenwärtigung der in den Dingen tätigen inneren Form. Der Künstler ist dem Metaphysiker benachbart, der im Innern der Dinge zuhause ist[39]. Der horcht auf den sprechend schaffenden Gott, der innerlich Gedachtes im Sinnlichen zur Äußerung bringt.

---

[36] Vgl. Wachinger, S. 293: "Mag das Anschauliche den Reichtum wie auch die Grenze Bernhartschen Denkens ausmachen, so ist doch zu fragen, ob dieses schauende und sprechende Denken nicht in seiner die Welt des Menschen zusammengreifenden Art seinen Wert auch in unserer mehr auf die analytische Schärfe sehenden Zeit behält."

[37] Vgl. Sinn der Geschichte, S. 6.

[38] Ebd.

[39] Kunst als Nachahmung, BSB Ana 383, U 3.5, S. 1.

Der Künstler gibt mit dem Schaffen seines Werkes nicht nur der drängenden Natur nach, sondern ist zugleich Denker und Betrachter, der - wiederum - nach dem Wozu fragt[40]. Es ist ein primär passives Amt - Bernhart spricht von der Ruhe des Innehabens -, eine geistige Beziehung ohne Nennung ihres Gegenstandes.

Unser Verhältnis zu allen Dingen ist für Bernhart primär ästhetischer Natur, denn wir erfassen die physische Welt über die Sinne. Unser Denken bewegt sich in Vorstellungen und arbeitet mit Zeichen und Bildern der Dinge, und auch die Elemente der Sprache sind Bilder[41]. Der Mensch aber begnügt sich in der Regel nicht damit, seine Äußerungen nur in den logischen Kategorien der Grammatik vorzulegen, sondern versucht, ihnen durch Schönheit ein höheres Gewicht zuzumessen. Schließlich mischt sich in diesen Willen die Freude. Bernhart spricht von einem Spiel der Welt mit Maß und Ordnung[42].

Kunst soll die dunklen Seiten der Welt lassen, aber durch die Form zu einer Wirklichkeit erheben, so daß aus den Gegensätzen Harmonie werden kann. Sie schafft einen würdigen Abstand vom Dasein, "*aus dem sich das Wirrsal des einzelnen in Zusammenhänge bindet*"[43]. Gerade dort, wo die Kunst auch mit dem Tragischen noch spielerisch umzugehen vermag, zeigt sie ihr höchstes Wesen: der

---

[40] Tragik im Weltlauf, S. 84f.

[41] Ebd., S. 86f.

[42] Ebd., S. 87f: "Hier bietet sich ein schönes Etwas dar, das über das Notwendige hinausgeht, ein Überfluß des Geistes, der mit der Welt zu spielen beginnt. Eben dieses Spiel ist das Wesen der Kunst. In ihm verhält sich der Mensch zur Wirklichkeit wie das spielende Kind, das es bei der Umwelt, wie sie ist, nicht genug sein läßt, sondern diese Umwelt nachahmend oder deutend wiederholt."

[43] Tragik im Weltlauf, S. 93.

Mensch kann die Welt, sich selbst und sein Verhängnis als Gegenstand betrachten[44]. Aus der Antwort der Kunst auf die Tragik erwächst uns nach Bernhart die Zuversicht, daß die Freude das letzte Wort des Daseins sei.

Der Patristik und der Scholastik spricht er - gerade auch auf der gedanklichen Ebene - einen viel unbefangeneren Umgang mit der Unvollkommenheit der Schöpfung zu, da sie noch gläubiger gewesen sei als die "*hektisch verengte Dogmatik*" späterer Zeit[45].

"*Kann die Erkenntnis den tragischen Logos nicht erklären, unser sittliches Wesen ihn nicht rechtfertigen, so bleibt uns doch die Kunst als das freundliche Gestirn, das ihn überschwebt, auf seinem Gang und seinem Stürzen ihn beleuchtet, uns aber heiter zu bedenken gibt, daß wir, wie unaufhaltsam auch wir selbst in seiner Strömung treiben, doch eben wissen, was uns geschieht, und in der Vertraulichkeit mit jenem hohen Schimmer uns zur Zuversicht ermannen, daß auch das Vernunft sei, was als Vernunft zu erkennen uns nicht gegeben ist*"[46]. Das geschöpfliche Sein ist für Bernhart Gleichnis; wiederum wird der analogische Weltempfang als Ausgangspunkt deutlich. So kann die Kunst als Weisung auf den Schöpfer hin gesehen werden - und als Gefahr, ihn selbst aus den Augen zu verlieren[47]. Denn sowohl die künstlerische Schaffenskraft als auch die Formgesetze sind

---

[44] Ebd., S. 97: "Hier erst, in der Höhe der am frei empfangenen Stoff regelvoll spielenden Form, wird die Kunst zum Gleichnis des kosmischen Schöpfertums der Gottheit, zum Sabbat, an dem der Meister und Beweger aller Dinge sah, daß alles gut sei."

[45] Kunst als Nachahmung, S. 14.

[46] Tragik im Weltlauf, S. 101.

[47] Kunst als Nachahmung, S. 16.

für Bernhart auf die göttliche Weisheit zurückzuführen; das Ästhetisch-Eindrückliche ist Analogie zu einer erhabenen Ursache[48]. Aber genauso ist es möglich, daß die ästhetische Lust an den Weltdingen zu einer eigentümlichen Gefahr für den Kosmos wird, die die Welthierarchie in Mißordnung bringt.
Letztlich liegt die Wurzel für Bernharts Ästhetik bei Augustinus: das Sehen Gottes, das die Ursache ist für das Sehenkönnen des Menschen; "*das Organ ist da, um auf einen Zweck hin tätig zu sein*", nämlich die Verherrlichung Gottes[49].

4. Die Frage nach dem Logos der Geschichte

Ist es Geschichtsphilosophie, die Bernhart bietet, wenn er die Geschichte nach ihrem Sinn befragt? Geschichtsphilosophie in der Auseinandersetzung der ihrer selbst bewußt gewordenen Vernunft mit der Tradition, mit der Religion?
Ist es die Theologie, die in der Geschichte das entscheidende Problem ihrer selbst findet? Eine Theologie der Geschichte, die ihre Aufgabe darin sieht, ein theologisches Verständnis der Geschichte dort aufzunehmen, wo die Philosophie des Deutschen Idealismus gescheitert ist?
Wie relevant und kontrovers diskutiert die Frage nach dem weitgehenden Zusammenbruch marxistischer Geschichtsdeutungen und in einer Phase tiefgehender Umbrüche ist, zeigt ein Beitrag Oskar

---

[48] Ebd., S. 22.

[49] Ebd., S. 27.

Köhlers zu dieser Debatte[50].

Wo die Vernunft ihr Selbstbewußtsein gegenüber dem Glauben ausbaute, stellte sich auch die Frage nach dem Subjekt der Geschichte in einem neuen Licht. Wo diese Vernunft freilich kritisch suchende bleibt, dort dringt sie zu dem Eingeständnis vor, daß nicht die Menschheit das Subjekt der Geschichte ist.

Sowohl die Forderung nach der Objektivität der Historiker als auch die Erfahrung, in welche Exzesse eine zum Totalitarismus mißbrauchte universale Geschichtsdeutung führen kann, leisten ihren Beitrag zur Partikularisierung: Köhler spricht mit dem Amerikaner White[51] von der satirischen Haltung, die jede Weltdeutung verwerfe und von der Wahrheit oder Hoffnung nur noch ironisch sprechen könne.

Eine Philosophie, die im Sinne Herders[52] auf den Plan und Ablauf der Geschichte reflektiert, die das Individuum auf die Bildungsaufgabe der Tradition verweist, deren Endzweck Humanität und Glückseligkeit ist, eine Philosophie, die "*Ideen zu einer allgemeinen Geschichte in weltbürgerlicher Absicht*" formuliert, die das Ziel der Geschichte nur in der Gattung, in der Menschheit, nicht aber im Individuum voll realisiert sieht, die als Ziel den weltbürgerlichen Zustand, den ewigen Frieden zwischen den Staaten postuliert[53],

---

[50] Köhler, Oskar, Die Rede vom Sinn der Geschichte und der Fundamentalismus, in: Stimmen der Zeit 117 (1992) S. 560 - 568.

[51] White, Hayden, Metahistory. Die historische Einbildungskraft im 19. Jahrhundert, Frankfurt 1991, S. 554f.

[52] Herder, Johann Gottfried, Ideen zur Philosophie der Geschichte der Menschheit, Textausgabe von Gerhart Schmidt, Wiesbaden o.J., v.a. S. 395 - 422.

[53] Kant, Immanuel, Akademie-Ausgabe Bd. 8, unver. Nachdruck Berlin 1968, S. 43 - 66.

eine Geschichtsphilosophie, die quasi als Rechtfertigung der Vorsehung nötig wird, die eine Naturabsicht im widersinnigen Gang menschlicher Dinge entdecken will, hat nach dem Scheitern der säkularisierten Geschichtsdeutungen ihre Risse bekommen[54].

Das empirisch Einzelne scheint schalkhaft, ironisch den zu verlachen, der nach allgemeinen Prinzipien sucht. Die Frage spitzt sich also zu auf die Entscheidung zwischen dem Plural 'Welt der Geschichten, der Vergangenheiten' oder dem Singular der 'Universalgeschichte'.

Dabei war nach den beiden Weltkriegen eine universale Betrachtung der Geschichte lebhaft gefragt. Auch in den Umbrüchen unserer Tage wird Geschichte als anonym-absolute Macht empfunden, auf die weithin der Fundamentalismus als Ausdruck der Angst vor der Grundlosigkeit antwortet.

Im Plural der Einzelepisoden zeigt sich bedrohlich der Zusammenhang der Menschheit - via negativa - als ein der Selbstzerstörung fähiges Ganzes, wenn der Überlebenswille nicht mehr ausreicht oder die Fähigkeiten und Kräfte nicht mehr dahin mobilisiert werden,

---

[54] Vgl. Bernhart, Sinn der Geschichte, S. 92: "Es bedarf nach allem Gesagten keines Wortes mehr, daß wir auf der Suche nach dem Sinn die philosophische Befragung entlang dem Zusammenhang des Nacheinander wie auf Grund innerweltlicher Teleologik, sei es aristotelische Wohlfahrt der Gemeinschaft, Utilitarismus der Aufklärung, Kantischer Ethizismus, Herdersche Humanität, Schillerscher Ästhetizismus, Hegelscher Logizismus, historistische Gräberöffnung ohne ewige Bergung der Toten, endgültig zu verlassen haben. Der trügerische Zauber aller Geschichtsphilosophie, schön und gut als Zwiegespräch des sinnvermissenden Menschen mit dem Echo seiner Stimme, versagt am ehesten dort, wo wir am inständigsten fragen. Die menschliche Gemäßheit ihrer Bescheide ist das sicherste Zeichen ihres Ursprungs aus dem Frager selbst. Weil wir aber im Innersten unserer Existenz, vom Menschen wie vom Ganzen der Menschheit gesprochen, notwendig transzendieren, d.h. als über die eigene Gegebenheit Hinausgewiesene uns erfahren, muß auch dieser elementarste menschliche Faktor in die Sinnfrage einbezogen werden. Sie führt uns gemäß ihrer Natur über geschichtsphilosophische Erwägungen hinaus zur Metaphysik und Theologie der Geschichte."

diesen Willen zu realisieren.
"*Und da kann es sein, daß mitten im offenen oder subkutanen Atheismus die Gottesfrage ausbricht - so obstinat wie die Frage nach dem Sinn der Geschichte.*"[55]
Unmittelbar anschließen muß sich die Frage, wie dieser Gott in der Geschichte ist; denn angesichts des Übels verliert der 'liebe Gott' nur allzu leicht sein Gesicht. In diesem Zusammenhang gewinnt Bernharts Reden von der "Tragik im Weltlauf" zunehmend Relevanz. Der Mensch ist das Wagnis des ewigen Grundes mit sich selber. Wir halten in unseren Händen die Zukunft des göttlichen Abenteuers, initiiert in der Menschwerdung Gottes auf Erden. Das Paradoxe dabei ist, daß wir die Freiheit haben, dieses Wagnis, dieses Abenteuer im Stich zu lassen oder es durch unser Menschliches, Allzu-Menschliches zu verwässern.
Über das Wie des Menschseins Gottes auf Erden formuliert das Konzil von Chalkedon abgrenzend 'Nicht getrennt und nicht vermischt'. Das nimmt jedem Fundamentalismus, der das Reich Gottes auf Erden verwirklicht sehen möchte, den Wind aus den Segeln: "*die absolute Kirche kann nicht der Sinn des Evangeliums sein*"[56]. Andererseits verabschiedet diese Formulierung Gott aber auch nicht in ein Jenseits der Geschichte.
Auf diesem Hintergrund ist Bernharts Konzept zu sehen: eine Deutung der Geschichte in theologischem Kontext, nicht als eine Totalitärgeschichte, sondern als eine Universalgeschichte im Sinne von 'omnia ad unum vertens'.
Wenn Bernhart über Geschichte nachdenkt, tut er das im Bedenken

---

[55] Köhler, Die Rede vom Sinn der Geschichte, S. 566.

[56] Bernhart, Erinnerungen, S. 344.

des Negativen und der Frage nach dem Sinn trotz des Negativen. Geschichte ist ein wesentliches Strukturelement seines Denkens; das zeigt sich in der "Tragik im Weltlauf" genauso wie im "Sinn der Geschichte" oder im "Vatikan als Weltmacht", oder wenn er während des Zweiten Weltkrieges über "Das Stehen des Heiligen in der Geschichte" nachdachte und diese Gedanken dann zu seinem "Chaos und Dämonie" verdichtete.
Bernhart fragt darin zusammen mit dem Hörer bzw. Leser nach dem Wirken Gottes, des Unzeitlichen, in der Zeit genauso wie nach dem Handeln des Menschen in dieser Zeit, denn wir machen Geschichte, aber umgekehrt macht auch die Geschichte etwas mit uns[57]. Wiederum stehen unterschiedliche Kräfte einander gegenüber: das Fatale der Natur, der Wille des Menschen und eben das Dämonische, dessen Wirkkraft und Wirkungsweise Bernhart in dem Vortrag in der Ulmer Martin-Luther-Kirche unmittelbar nach dem Krieg unter dem Titel "Das Dämonische in der Geschichte" darzustellen versuchte.
Wieder beginnt er mit dem Hinweis auf das Mysterium der Bosheit und auf das Kreuz. Gerade in dieser von Schuld und Fragen bedrängten Zeit will er auf das Stöhnen aus aller Geschichte horchen. Reinhold Schneider, dem die Geschichte ebenfalls ein zentrales Anliegen war, bezeichnete Bernhart als den katholischen Schriftsteller, der die tiefste Beziehung zur Geschichte habe[58].
Mit der Frage, welche Kräfte in der Geschichte wirken, wirft Bernhart auch die nach der Freiheit des Menschen auf. Er nennt sie dämonische Kräfte, wobei zunächst unsicher bleibe, ob sich der

---

[57] Das Dämonische in der Geschichte, in: Gestalten und Gewalten, S. 412.

[58] Schneider, Reinhold, Reinhold Schneider-Leopold Ziegler. Briefwechsel, München 1960, S. 124.

Mensch seinen Dämon oder der Dämon den Menschen erwähle[59]. Bernharts Fazit bleibt, daß die Geschichte immer ihren tragischen Gang zu gehen habe: "*Die Geschichte geht immer ihren tragischen Gang, weil die Welt von Haus aus auf Tragik angelegt ist. Weil aber Tragik doch nicht das letzte Wort der Allwirklichkeit sein kann, muß ihr eine Welt der Lösung und Erlösung entsprechen.*"[60] Man könne die Geschichte nicht aus der Geschichte selbst verstehen, wendet er sich gegen den Historismus[61]. Bernhart ist auf der Suche nach einem archimedischen Punkt, um den Geschichtsprozeß zu verstehen, denn die Geschichte selbst ist die allzeit heillose[62], die ihren Sinn nur dann finden kann, wenn sie ihn dort sucht, wo er ihr angeboten wurde: im Christusereignis. Nicht nur ist Christus in die Geschichte gekommen, sondern es sei notwendig, die Geschichte als Weltprozeß, als die erregende Situation zwischen Gott und Mensch in Christus zu betrachten[63]. So bleiben alle Versuche der Geschichtsphilosophie, die sich um eine Deutung hin auf einen Sinn der Geschichte bemühen, letztlich zum Scheitern verurteilt[64]. Bernhart geht als Theologe an die Deutung der Geschichte heran und setzt sie als von Christus her und auf Christus hin gedeutete als eine wesentliche Kategorie seines Denkens ein. Geschichte würdigen heißt für ihn, die Erscheinungen in ihrem Nacheinander als von innerer Ver-

---

[59] Das Dämonische in der Geschichte, S. 389.

[60] Ebd., S. 408.

[61] Ebd., S. 400.

[62] Ebd., S. 413.

[63] Ebd., S. 396f.

[64] Sinn der Geschichte, S. 40.

nunft geleitet und von Sinn erfüllt zu verstehen[65]. So deutlich zeige sich die Weltgeschichte nicht als ein gesetzmäßiger Ablauf: "*ein Reich der ewigen Dämmerung; es ist nicht Nacht, und es wird nicht Tag*"[66]. Selbst wenn die Geschichte als logischer Prozeß zu erkennen wäre, bliebe die Frage nach ihrem Sinn noch unbeantwortet[67]. Alle Veränderungen der Geschichte sind wir bestrebt dem sittlichen Urteil zu unterstellen; dieses Bestreben zeugt von einem angeborenen Glauben an ein festes Reich der sittlichen Werte - Bernhart spricht in diesem Zusammenhang von Augustins Auffassung des Gottesstaates als einem Gericht über den Weltenstaat. Wir urteilen als zeitverhaftete Wesen über die Geschichte und ihre Läufe, wir urteilen also immer revisionsbedürftig, fehlbar bezüglich Sinn und Unsinn einer Tat, eines Ereignisses[68].
Geschichte ist in ihrem Logos, in Christus, schon ausgeschehen[69]. Trotzdem bleibt die menschliche Freiheit in diesem Prozeß genauso

---

[65] Ebd., S. 15.

[66] Ebd., S. 40.

[67] Ebd., S. 41: "Nichts natürlicher als der sittliche Maßstab im geschichtlichen Leben. Was man naiv als Entwicklung, Fortschritt oder Rückschritt bezeichnet, Taten des einzelnen, Leistungen und Bewegungen im Völkerleben unterlagen immer schon dem Maße dessen, was sein soll, als handle es sich um das Tun eines verantwortlichen Subjekts."

[68] Ebd., S. 42: "Aber - wie wenig bedeutet die Unsicherheit und Fehlbarkeit unseres Urteils gegen die Tatsache, daß wir urteilen, urteilen müssen, als Boten gleichsam und Vertreter eines unsichtbaren Gerichts, dem wir selbst, wir alle uns unterstehen fühlen! Weil nun dem so ist, verlangen wir auch von der Weltgeschichte den Ausweis ihrer inneren Rechtlichkeit, und diese Forderung an sich allein ist die erhabenste menschliche Tatsache über dieser selben Weltgeschichte, in welcher jene Rechtfertigung ihrer selbst nie erscheinen will."

[69] Tagebuch, Bemerkung 30.

wirklich wie das vorgezeichnete Fatum; Bernhart gebraucht, um sein Arrangement mit diesem Paradoxon auszudrücken, ein Bild: der Passagier kann sich auf dem Schiff in alle Richtungen bewegen, ist aber immer in der Richtung des Schiffes unterwegs. Wie Bernhart sich das Zusammenwirken Gottes und des Menschen in der Geschichte vorstellt, zeigt sich nicht zuletzt dann, wenn er formuliert, daß der Mensch haftbar sei für die Geschichte, die Gott mit ihm und durch ihn wirke[70].

Die Kausalität vom Anfang und die Finalität vom Ende her, beide sind sie in der Geschichte am Werk[71].

Geschichte ist für Bernhart der Zug des Sinnlichen hin zum Geistigen und - als Gegenbewegung - die Inkarnation geistiger Triebkräfte: In der Geschichte wirken menschliche Ideen, die sich bis ins Äußerste raum-zeitlicher Wirklichkeit zu verkörpern suchen[72]. Im tiefsten und letzten betrachtet er die Geschichte als Heilsgeschichte, als Inkarnation des Logos.

Damit tut sich die Notwendigkeit auf, noch ein paar Schlaglichter auf die Zielgerichtetheit aller Geschichte zu werfen, um die bisherigen, verstreuten Gedanken bündelnd zusammenzufassen und zuzuspitzen, wie Bernhart dies in einer Stelle in seinen Tagebüchern tut, wenn er feststellt, Geschichte sei die Peristaltik der Menschheit mit dem Sinn Reich Gottes[73].

---

[70] Wachinger, S. 342; Bernhart verweist dabei auf Phil. 2, 12f, eine seiner Lieblingsstellen, wenn es um das Verhältnis von Freiheit und Notwendigkeit geht.

[71] Ebd., S. 342f.

[72] Leib und Verleiblichung, in: Gestalten und Gewalten, S. 210.

[73] Tagebuch, Bemerkung 30.

Exkurs: Das Verhältnis von Zeit und Ewigkeit

Die Gedanken Bernharts zu diesem Problem fehlen fast bei keinem Thema, sie sind ein Zentrum, ein Stachel - und soweit sie auch mit der Christologie verquickt sind, **das** Zentrum Bernhartschen Denkens.

Sein Zeitbegriff ist geprägt von den Mystikern und nur auf dem Gegensatz der Ewigkeit, des Nunc stans, zu sehen: das Nacheinander des Bewegten vor dem Immer schon.

Der Mensch in der Auseinanderlage der Dinge hat Zeit, er weiß darum, weil er auch mit Nicht-Zeit konfrontiert ist, er könnte keinen Begriff von Zeit haben, wenn er nur Tropfen in ihrem Fluß wäre: der Mensch ist zeiterhaben, zuschauerisch gegenüber der Zeit[74]. Es gibt verschiedene Souveränität über das Zeitphänomen. Die Zeit ist für den Menschen nicht nur etwas Quantitatives, sondern immer auch etwas Qualitatives: Zeit und Zeit sind etwas anderes, je nachdem was wir mit und in ihr treiben. Zeiterfahrung ist also nicht zuletzt ein erlebnisabhängiges Phänomen. Darin liegt für Bernhart die Forderung an den Menschen: sein Wissen um die Zeit ist nur möglich aufgrund der Ahnung der Nicht-Zeit; nach Bernhart reagiert der Mensch mit einem aeternalen Protest auf die Tatsache Zeit[75]. Das könne innerhalb der Zeit geschehen, indem man eine dauerhafte Befestigung, eine Festschreibung in der Zeit suche, oder es könne sich in unvergänglichen sittlichen Werten niederschlagen. Oder in

---

[74] Das Stehen des Heiligen in der Geschichte, BSB Ana 383, U 75, S. 19: "Wir erleben Zeit nicht nur als Nacheinander, nicht nur als Vergänglichkeit, sondern als Nicht-Ewigkeit, als Unsein von etwas, das mehr oder minder faßlich jeden Augenblick hintergründet, das Gestern, Heut und Morgen."

[75] Ebd.

"*der aller raum-zeitlichen Erfahrung des Seins jenseitigen, absoluten, mit irdischem Bewußtsein schlechthin unvorstellbaren, nur in einem Begriff von negativen Merkmalen andeutbaren Wirklichkeit*"[76], eben die christliche Ewigkeitsvorstellung, der von Raum und Zeit entschränkte Vollbesitz des Seienden. Irdische Zeit ist für den Menschen immer mehrmöglich, sie ist himmlische und abyssale Möglichkeit. Jeder Augenblick wird somit bewegender, kritischer im ursprünglichen Sinn des Wortes: er ist konfrontiert mit der Ewigkeit, er ist eschatologisch[77].

In Christus stand die Zeit der Ewigkeit gegenüber als Möglichkeit ihres Vollzuges. So ist das Geschichtliche nicht die letzte Aussage, die sich über die Geschichte machen läßt, genauso wie das Geschöpfliche nicht die letzte Aussage über die Schöpfung ist[78].

Die Ewigkeit übersteigt die Zeit schlechthin, aber sie ist das Prinzip, das Zeit erst ermöglicht und bestimmt. Das Nunc aeternum, das nur das Ewige meinen kann, ist der Ansporn und das Gericht, das Zusammenheilen alles in der Zeit Auseinanderliegenden.

---

[76] Ebd., S. 20.

[77] Das Erlebnis des Nun, des Augenblicks außerhalb der Zeit, kannten auch die Griechen wie Parmenides und Platon, mit dem Christentum aber ist eine neue Bezogenheit des Zeitgeschehens auf die Ewigkeit hervorgetreten: "das Ereignis und das Gestaltige in der Geschichte war das Mittel des Ewigen, um in der Zeit zu erscheinen, und war zugleich das Mittel, um Zeit und Zeitliches ins Ewige überzuführen." (Sinn der Geschichte, S. 18; vgl. dazu ebd., S. 57, S. 68; Das Stehen des Heiligen in der Geschichte, S. 20 und 22.)

[78] Sinn der Geschichte, S. 142.

Die Zielgerichtetheit der Geschichte

Das unum, das Dritte, nach dem alles Gezweite drängt, ist in Bernharts Augen das Verbum caro factum[79]. Es ist die Antwort auf die Fragen des geschichtlichen Daseins. Als die drei wichtigsten erkennt er die menschliche Erkenntnis, die von dem Subjekt-Objekt-Ringen bis zu dem Punkt betroffen werden kann, daß sie sich selbst zur Frage wird[80], die zweite entspringt dem Menschen als animal sociale[81], die dritte dem homo religiosus in seiner beständigen Suche nach der Welt des Heiligen[82].

Nicht die Kultur vermag letztgültig die Antwort auf diese Fragen zu geben, denn wie vermag sie die bleibende Gefährdung der Form durch ihre Materie zu deuten oder gar das Faktum, daß der Widersacher aus dem eigenen Schoß hervorgeht?

"*Das tragische Gesetz der Ungegebenheit des Dritten und das heißt zugleich der Nieerfüllung des Sinnes der Geschichte durch das*

---

[79] Ebd., S. 19.

[80] Ebd., S. 44f. Das Subjekt-Objekt-Ringen bezeichnet Bernhart als den mächtigsten Faktor der Geschichte. "Nur dank und kraft des Ichseins, der Geschiedenheit von allem, was ich nicht bin, besitze ich die Welt als Gegenstand, aber ein Urdrang erfüllt das Ich, diese Geschiedenheit aufzuheben, das Gegenstandhafte völlig in sich einzuziehen, sich einzugeisten, einzuseelen bis zur Verschmelzung."

[81] Ebd., S. 37: "...vergangene und künftige Generationen umfassenden Polis, um das 'animal sociale' als das historische in dem doppelten Sinne zu verstehen, daß es im Zusammensein und Zusammenwirken das Gewesene als Lebendiges von Wert und Sinn im Gedächtnis bewahren, das Kommende aber nicht schlechthin als Geschick, sondern als Ernte des heute absichtsvoll in den Lauf der Dinge eingestifteten Handelns auf Zwecke hin sammeln möchte."

[82] Ebd., S. 36f.

menschliche Tun und Geschehen allein..."[83]
Sinnsetzen kann in der Mehrung der Wohlfahrt der Menschen, im errungenen Ertrag der Kultur geschehen, letztlich aber nur im Bezug zum Weltgrund als dem ewigen Sinngrund aller Geschichte[84].
Kultur ist die Gelegenheit des Reiches Gottes. Natur und Mensch stimmen überein in der einheitlichen Sinnrichtung hin auf das Reich Gottes. Bernharts Fazit geht dahin, von Sinnerscheinung, nicht von Sinngebung zu sprechen, denn die Geschichte der Offenbarung offenbart den Geschichtssinn[85].
Wie Bernhart in seiner Frühschrift "Tragik im Weltlauf" seine Anschauung und Deutung der Dinge im Kern bereits vorlegt, so formuliert er auch zu unserem Thema, wenn er über 'Logos und Ethos in der Geschichte' handelt[86], bereits seine Grundansicht, wenn er die Frage stellt, ob die Weltgeschichte denn das Weltgericht sein könne. Mit den Einsichten der Geschichtsphilosophie müsse diese Frage verneint werden, aber Bernhart legt bei seiner Betrachtung grund-

---

[83] Ebd., S. 46.

[84] Ebd., S. 87: "Zwischen diesen äußersten Verhaltungen zur Transzendenz des göttlichen Grundes, dort der tiefsten Scheidung, hier der innigsten Vereinigung, liegen die mittleren Formen einer Beziehung, in welcher Gott und Mensch einander lebendig gegenüberstehen: in Rede und Gegenrede, als Geheiß und Pflichtigkeit, als rufender ewiger Sinn und zur Erfüllung aufgerufene Zeitlichkeit. Gott ist nicht Idee des Menschen, nicht Geist von seinem Geiste, sondern souveräner Selbstand über dem nicht souveränen Menschen, er redet und hat geredet von seiner Seite her, und es ist der Sinn der vernünftigen, nämlich zum Vernehmen jenes ihr Wesen und Sollen erklärenden Wortes befähigten Kreatur, Geschichte zu haben mit Gott, von ihm her, in ihm und zu ihm hin."

[85] Ebd., S. 107.

[86] Tragik im Weltlauf, S. 10 - 29.

sätzlich sein "religiöses Naturell" nicht ab[87]. Es genügt ihm nicht, in der Betrachtung der Abläufe nur nach dem Wieso zu fragen, sondern er stellt neben der Frage nach den Ursachen auch die nach dem Grund; die Frage nach den Gründen und dem Sinn aber ist nicht Sache der Erkenntnis, sondern der Deutung[88].

Auf dem Hintergrund seines Zeitverständnisses wird deutlich, daß das Geschehen, das wir Geschichte nennen, in einem Zusammenhang mit der Ewigkeit steht, "*eine Wechselwirkung von Jenseits und Diesseits, die das irdisch-geschichtliche Geflecht von Schicksal und Handeln, Notwendigkeit und Freiheit mit einem abgründigen Ernst erfüllt.*"[89] Der jeweilige Augenblick der Geschichte sei daher als kairos des Reiches Gottes anzunehmen. Geschichte ist Handeln des geschaffenen Menschen in sittlicher Freiheit - deshalb fragt der Mensch auch nach dem Ethos des Geschichtsablaufes, und deshalb ist es ihm erlaubt, so zu fragen, nur darf er die Antwort nicht aus dem Ablauf selbst erwarten - mit dem Endsinn: gloria Dei[90].

Geschichte ist für Bernhart erst dann christlich verstanden, wenn sie auf ihr Zentrum bezogen wird, nämlich auf Christus, der "*manifeste Geschichte aus jener latenten Dimension Ewigkeit*" ist[91].

"*Das Kreuz, als definitives Zeichen des göttlichen Aufschlusses über*

---

[87] Tragik im Weltlauf, S. 12.

[88] Ebd., S. 17f. Welchen Stellenwert er der Deutung beimißt, zeigt folgende Stelle: "...das letzte Wirksame sind nicht die Tatbestände, sondern die Anschauung, die sie erfahren, die dichterische Sphäre, die sie um sich schaffen, und diese ist mit den Begriffen Wahrheit und Irrtum nicht zu messen." (Ebd., S. 27)

[89] Das Stehen des Heiligen in der Geschichte, S. 20.

[90] Ebd., S. 22 und Sinn der Geschichte, S. 143.

[91] Das Stehen des Heiligen in der Geschichte, S. 22.

den Sinn der Geschichte allen offenbar, beläßt die Freiheit menschlicher Stellungnahme; den einen wird es zum Heil, den anderen ist es Ärgernis oder Torheit"[92]: In Christus scheiden sich die Wege des Willens.

Bernhart verweist auf die Dialektik der Geschichte - die göttliche Urbestimmtheit des Lebens und die Freiheit des geschöpflichen, endlichen Geistes kommen in der Geschichte zum Austrag[93] -, auf die Bedeutung auch des Bösen und des Irrtums in der Heilsökonomie.

[92] Sinn der Geschichte, S. 123.

[93] Ebd., S. 124.

IV. Die Impulse für die Kirche seiner Zeit

Die Notwendigkeit des Impulses gerade in den Gedankenbereichen, die zu den zentralen Bernharts gehören, wird deutlich mit einem Blick auf den schwierigen Weg, den die Vorgeschichte des Vaticanum II darstellt. Welch harter Prozesse bedurfte es etwa, bis sich das Denken von der Geschichtlichkeit der Kirche breiteren Raum verschaffen konnte[1].

Das Fragen nach der Kirche und ihrem Wesen hängt eng mit der jeweiligen Situation des religiösen Lebens zusammen. Deswegen zeitigt es auch in den verschiedenen Ländern unterschiedliche Aspekte der Antwort.

Gerade in Deutschland war die Frage nach der Kirche, nach dem Wesen des Katholizismus, dann nach dem Wesen des Christentums eine häufig gestellte. Es ist zu sehen, daß es Menschen gegeben hat, die mitgeholfen haben, jene Wege, die heute als selbstverständlich gelten, mit vorzubereiten, sie durchzukämpfen. Neben die ureigensten persönlichen Erfahrungen treten die tiefgreifenden Umwälzungen dieses Jahrhunderts - zwei Weltkriege, die jeweils das Bewußt-

---

[1] Ein wichtiger Wegbereiter auf dem Vatikanum II war ohne Zweifel Julius Kardinal Döpfner. Dieser bezeichnete sich in einem Brief an Bernhart "als dankschuldiger Leser mancher Ihrer Bücher und Zeitungsbeiträge." Als "Bischof der Kirche" unterstreicht er, "wie eindrucksmächtig Sie katholisches Denken in dieser Zeit sichtbar machen" oder "den hilfreichen Dienst, den Sie durch Ihr Apostolat unserer heiligen Kirche erweisen. Es mag für Sie eine tiefe Genugtuung sein, daß so manche Ihrer Anregungen heute in der Kirche eine unerwartete Erfüllung finden." (BSB Ana 383, Briefwechsel Bernhart: Briefe Döpfners an B. vom 23.7.1956, 17.8.1961, 29.8.1966)

sein tief verändernd geprägt haben[2], die radikale Dehumanisierung des Menschen durch die Apostasie der Macht, die auf der anderen Seite dem Gedanken der Demokratie viel Rückenwind als Reaktion brachte, und nicht zuletzt der ungeheure Wandel im Bereich der Wissenschaft und Technik.

Herrschte im 19. Jahrhundert das Defensive, die Restauration, der Blick auf das Institutionelle, der Blick auf das Papsttum und auf Machtstrukturen vor[3], so kam gerade nach dem Weltkrieg, nachdem viel Vertrauen in die Institution erschüttert war, das Bedürfnis nach religiöser Innerlichkeit und Gemeinschaft zum Tragen.
Die Feststellung einer religiösen Erneuerung muß begleitet werden von der Frage nach den Quellen aus denen sie gespeist wurde. In erster Linie können die Heilige Schrift, die Liturgie und die Väter angegeben werden; bei Bernhart muß man noch hinzufügen die antike Philosophie, besonders wie sie im mittelalterlichen Geisteskampf sich lebendig erhalten hatte; er greift zum einen stark auf die Schriften der Scholastik zurück, zum anderen auf Augustinus, und drittens rezipiert er nicht nur Gedanken der Scholastiker, sondern wendet gerade ihre Methode zu denken auf sein Kirchenverständnis an.
Durch den Rückgriff auf die genannten Quellen wuchs nach dem Ersten Weltkrieg die Themenvielfalt an.

---

[2] Es darf nicht übersehen werden, daß z.B. Guardinis "Erwachen der Kirche in den Seelen" oder Bernharts "Tragik im Weltlauf" und dann "Chaos und Dämonie"auch Ergebnisse einer gedanklichen Auseinandersetzung mit den Schrecken des Krieges sind.

[3] Vgl. dazu etwa auch De Maistre's Papstbuch, das Bernhart herausgegeben und kommentiert hat. De Maistre, Vom Papste, übersetzt von M. Lieber, herausgegeben von Joseph Bernhart, München 1923.

Die Lehre von der Kirche hatte bisher ihren Ort in der Kontroverse, in der Apologie gehabt. Jetzt jedoch wurden die biblischen Bilder in ihrer Vielfalt und Unterschiedlichkeit der Aspekte für das Reden von der Kirche herangezogen.

Bewegungen aus dem breiten geistig-kulturellen Bereich sprengten das bisherige Kirchenbild. Rudolf Michael Schmitz schält in seinem Überblick über die Entwicklung der ekklesiologischen Reflexion nach dem Ersten Weltkrieg folgende drei Grundmomente heraus: "*Die Kirche schien Antwort zu sein auf Fragen und Probleme der damaligen Zeit, sie entsprach den drei Zentralforderungen der grundlegenden Wende nach Objektivität, organischem Leben und Gemeinschaft.*"[4]

Die Kirche wurde wieder betont als Mysterium und damit von ihrer christologischen Mitte her gesehen; es wurde wieder ihr Charakter als Treffpunkt von Übernatürlich und Natürlich, als wachsende, als auferbaute und sich auferbauende Kirche betont.

Die Gott-Menschlichkeit der Kirche und die Heiligung des Gott-Ebenbildes durch die Menschwerdung des Stifters der Kirche entwickelten sich zu einem zentralen Thema. Dabei mußte die Einengung auf die Hierarchie gesprengt werden. Es galt, ein ausgewogenes Verhältnis zu finden zwischen den inneren und den äußeren Aspekten der Kirche: die Kirche als Gesamtheit der sichtbaren Gnadenmittel (Gesellschaft) und als Lebensgemeinschaft mit dem inkarnierten Christus, der gelitten hat und auferstanden ist.

Der Wendung des Blicks auf die "innere Gestalt" der Kirche korrespondierte die Aufgeschlossenheit für die Vielfalt, für das Umfassende, für die Katholizität. Die Kirche, die alles umfaßt, um es seiner Heilsbestimmung zuzuführen. Damit wurde vor allem die Sakramen-

---

[4] Schmitz, Aufbruch zum Geheimnis der Kirche Jesu Christi, S. 18.

talität als weiterer wichtiger Aspekt ins Auge gefaßt. Von der intensiven Beschäftigung mit der Liturgie herkommend wurde der Blick auf das allgemeine Priestertum der Laien gerichtet. Die Besinnung auf das Mysterium, d.h. das Zurückdrängen des Institutionellen, die vertiefte Betonung der Katholizität, eröffnete einen freieren Blick auf die anderen christlichen Gemeinschaften. Daß dabei Themen wie die Fragen Kirche und Kultur, Kirche und Staat nicht in den Hintergrund traten und nicht unumstritten waren, zeigen die Konzilsdebatten über die Pastoralkonstitution "Gaudium et Spes" oder über das Dekret über die Religionsfreiheit[5].

Mit diesem gerafften Überblick sind auch Bernharts zentrale Anliegen angedeutet. Die Vielfalt der Themen, denen er sich zugewandt hat, läßt weder ein Abgleiten in eine antijuridische noch in eine antiintellektualistische oder rein mystische Konzeption zu; immer geht es darum, das Sic et Non im Auge zu behalten.

Über dieser Vielfalt darf nicht vergessen werden, daß Bernhart kein Systematiker auf dem Gebiet der Ekklesiologie war. So ist es unerläßlich die Frage zunächst darauf zu richten, wo sich Bernharts Äußerungen zum Thema befinden.

Bernhart entwickelt seine Grundgedanken und seine hauptsächlichen Anliegen zum Kirchenbild in der ersten Hälfte der zwanziger Jahre. Er hatte etwa 1925 - also in der Zeit, als die Bücher zum Thema Katholizismus in einer vorher nie dagewesenen Anzahl gedruckt wurden - einen Plan für ein Buch über den Katholizismus, über die katholische Kirche entworfen. Wenn es auch beim Projekt geblieben ist, so ist doch schon die dafür entworfene Skizze interessant: Sein Ansatzpunkt ist der bedrängte, der fragende, der suchende, freilich im Glauben sofort auch der gerufene Mensch. Der Mensch, der im

[5] Vgl. dazu: LThK, ^{2}1967 Bd. 13 und 14.

Horizont von Natur und Übernatur, von Freiheit und Gnade steht. Davon ist auch beim Nachdenken über die Kirche auszugehen. Sie ist nicht, wie es in einer etwa zeitgleich entstandenen Sammlung von Beiträgen heißt[6], etwas Übergeschöpfliches, sondern aliquid pure creatum, wie er Thomas zitiert.

Bernhart geht es um die Auferweckung des alten katholischen Geistes, der unter der Last der juristischen Überwucherungen zu ersticken droht[7], um die Befreiung des Wesentlichen im katholischen Christentum, um die Rückbesinnung auf Elemente uralten Ursprungs.

Die Stoffsammlung für sein geplantes Buch über die Kirche zeigt einmal mehr die Breite seines Ansatzes[8]: Er spricht von der Logik des Irdischen und notiert sich dazu die Gegenüberstellung Kreatürlichkeit und maiestas Domini, also sein Verständnis des Irdischen als Schöpfung, die nicht gedacht werden kann ohne die Beziehung zu ihrem Schöpfer. Hier hat auch die "mediale Zone des Symbolischen" ihren Platz.

Eigens erwähnt er die Christozentrik, in erster Linie die Logoschristologie, die inkarnatorische Seite, als ein Kapitel und stellt "Corpus Christi" und "corpus iuris canonici" einander gegenüber, die Neufassung des Kirchenrechts im Codex des Jahres 1917 dürfte hier noch nachwirken. Von diesem Zentrum her ist die Kirche als Sakrament zu sehen, verblüffend aber nimmt es sich aus - zumindest auf den ersten Blick -, wenn er formuliert "Kirche als Sakrament und als

---

[6] E. Michels (Hg.). Kirche und Wirklichkeit. Ein katholisches Zeitbuch, Jena 1923, S. V.

[7] Vgl. dazu: Ein Brevier des Modernismus, in: Das Neue Jahrhundert 5 (13), München, Augsburg 1913, S. 193f.

[8] BSB Ana 383, V 24.

Diktatur".

Lehnt er sich an Goethe an, wenn er die Kirche als Systole und Diastole darstellen will?

Ihr Stehen in den beiden Ordnungen Natur und Übernatur kommt in vielen Schlaglichtern, die er wirft, zum Ausdruck: die Kirche als die ewigkeitliche auf ihrer Wanderung durch das Geschichtliche. Damit ist es für ihn selbstverständlich, daß er das Dogma grundsätzlich ebenso behandelt wie den Zusammenhang von Dogma und Heilsgeschichte. Speziell im ekklesiologischen Bereich plant er, die Kirchenbegriffe innerhalb der christlichen Entwicklung vorzustellen - also hier bereits ein die gesamte Geschichte umfassender Ansatz. Daneben lenkt er den Blick auf vor- und außerchristliche Konzeptionen einer Kirche. Woran er dabei denkt, läßt sich aus seinem Schrifttum nicht erhellen, ausgenommen, daß er explizit auf die platonische Vorahnung in der Politeia hingewiesen hat.

Wenn er die Kirche als Organ der Offenbarung bezeichnet, will er sich damit gegen die traditionalistische Auffassung wenden; wohl meint er damit das Gesamt der Offenbarung mit seinem Sic et Non gegen das Überwiegen des Anstaltlichen.

Sie ist katholisch im Sinn des Allumfassens, das wird auch mit diesem Konzept erkennbar: ihr menschheitlich übernationaler Charakter wird betont, dessen Verhältnis zu den eigenständigen nationalen Charakteren zu untersuchen sei.

Die Katholizität der Kirche liegt nach seiner Konzeption in der Ergreifung des Gesamtmenschlichen, worunter er das Sittengesetz ebenso subsumiert wie Mystik, Frömmigkeit, Kult und Magie.

Eine ganze Reihe von Punkten beschäftigt sich mit der Spannung von Kirche und Welt. Man könnte ausgehen von seiner im Vagen belassenen Andeutung der esoterisch-exoterischen Spannung. Dann aber wird er konkreter, wenn er den Antagonismus von Kirche und

Kultur aufgreift; er denkt wohl an die Gefahr der Rationalisierung des Religiösen zur Kultur, wenn er Philosophie und Glaube, Kirche und Staat problematisieren will. Auf den ungeheuren Anspruch der Kirche für den Menschen - die Aufrechterhaltung des homo humanus - lenkt er sein Augenmerk, wenn er den Humanismus der Kirche herausstreicht und daneben das Deviationsprodukt 'Humanismus statt Kirche' stellt.
Die Kirche wird erfüllt von der Aufgabe, das Reich Gottes in der Welt zu wirklichen - sie ist nicht damit identisch. Wenn nun dieses Reich Gottes ein Kampfbegriff sei - und das ist es ohne Zweifel in Bernharts Augen - so müsse auch der Kirchenbegriff ein Kampfbegriff sein.

Auf seine Konzeption wurde hier anhand dieser Skizze so breit eingegangen, weil sich explizite Abhandlungen über die Kirche bei ihm nur wenige finden: An erster Stelle ist der Aufsatz "Göttliches und Menschliches in der Kirche" zu nennen. Bernhart richtet darin seinen Blick auf das Wesen und die Geschichte im Dasein der Kirche[9].
Dasselbe Anliegen zeigt sich in einem Vortrag für die Beuroner Hochschulwochen des Jahres 1948. Unter dem Titel "Leib und Verleiblichung" denkt er nach über die Frage, ob sich das Geschehen, das wir mit Geschichte bezeichnen unter dem Gedanken der

[9] Er entstand 1935 für: E. Kleineidam, O. Kuss (Hg.), Die Kirche in der Zeitenwende, Paderborn 1935. Abgedruckt in: Gestalten und Gewalten, hg. von M. Rößler, Würzburg 1962. Dieser Aufsatz, in seiner Dichte eine der wichtigsten Fundgruben für diese Thematik, bekam eine eigene Besprechung; darin stellt der Kritiker heraus, daß dieser Beitrag nicht seinesgleichen habe in einer bis jetzt geschriebenen Apologetik. "..., ja er überwindet die herkömmlichen Verteidigungsmethoden durch den Versuch einer Wesensschau der Kirche, die jedes äußerliche, nur mit historischen Mitteln versuchte apologetische Bemühen zu einem Unternehmen mit untauglichen Mitteln macht." (BSB Ana 383, BiK, Mappe 11)

Verleiblichung betrachten lasse[10]. Bernhart bejaht die Frage, für ihn ist - plakativ ausgedrückt - die Geschichte Verwirklichung von Ideen oder zugespitzt einer Idee, nämlich des "fortdauernden Christusereignisses", ein Gedanke, den er in seinem Bändchen "Chaos und Dämonie" vorlegt. Dort erwägt er auch das 'Dämonische in der Kirche'[11]. Zentralthema ist Statik und Dynamik in der Religion, die dialektische Bewegtheit zwischen dem sittlichen Ideal der Vervollkommnung und der Frömmigkeitspraxis, den Frömmigkeitsformen. Nur wenig später, in der ersten Hälfte der fünfziger Jahre, entstand "Das Wesen des Katholizismus"[12]. Die Bedeutung der natürlichen Gegebenheiten in der Heilsgeschichte und die Dynamik der Gegensatz-Einheit sind die wichtigsten Charakteristika, an denen er katholisches Denken und Leben aufzeigen will.

Wie Bernhart in seiner Geschichtsphilosophie die Sinnfrage für das in der Zeit Geschehende thematisiert[13], so tut er das in dem Rundfunkvortrag "Die Antwort der Weltreligionen auf die Fragen unserer Zeit"[14] für den Einzelmenschen. Sowohl das Leben des einzelnen Menschen als auch die Geschichte laufen nach Gesetzen und in Phasen ab. In diesem Kontext stellt sich für Bernhart die Sinnfrage, die Frage nach der Aufgabe des Menschen in der Welt. Vom Katholischen her gibt er die Antworten, wo der Mensch die Anweisungen

---

[10] In: Gestalten und Gewalten, S. 201 - 237.

[11] In: Chaos und Dämonie, hg. von G. Schwaiger, Weißenhorn ^{2}1988, S. 135 - 161.

[12] BSB Ana 383, U 62.

[13] Sinn der Geschichte, in: Geschichte der führenden Völker, hg. von H. Finke/J. Junker/G. Schürer, Band 1, Freiburg 1931, S. 1 - 143.

[14] BSB Ana 383, U 30.

für sein Verhalten findet und wo deren Gültigkeit begründet ist. Seine persönliche Stellung zur Kirche formulierte er in "Was halten Sie vom Christentum?"[15].

"*In immer neuer Einsicht in die göttlich-menschliche Physiologie der römischen Kirche habe ich, auch unter persönlicher Erfahrung ihrer Härte, nie gezweifelt, daß sie die legitime Trägerin und Mittlerin der definitiven Offenbarung in Christo ist.*"[16]

In äußerster Knappheit und Prägnanz zeichnet er in dieser Antwort die Charakteristika der katholischen Kirche. Bernhart endet mit einer Kehre der Fragerichtung: Ausgangspunkt war die Frage, was er vom Christentum halte, seine Antwort ist die, daß es ihn vor die Frage stelle, was Christus von ihm halte; damit kommt eine höchst ausgeprägte dialogische Struktur zum Tragen.

Viele Punkte seiner Auffassung von Kirche lassen sich nur mittels einer Spurensuche im Gesamtwerk eruieren und darstellen. In der Auseinandersetzung mit den Gedanken anderer Autoren zeigt sich seine Position, etwa wenn er Friedrich Heilers Buch "Katholizismus" bespricht[17].

Knappe und tiefe Aussagen zu seiner Sicht, zu seinem Verständnis und Empfinden der Kirche trifft Bernhart an vielen Stellen der Tagebücher, wo er in unmittelbarer Betroffenheit sehr direkt und deutlich Gedanken über Priester, Eros, Verkündigungstheologie, Bibel und deren Verbreitung, Dogmatik und Frömmigkeit etc. fi-

---

[15] 18 Antworten auf eine Umfrage, hg. von Karlheinz Deschner, München 1957 (List-Taschenbuch Nr. 105). Wieder abgedruckt in: Wachinger, S. 266-269.

[16] Wachinger, S. 269.

[17] In: Literarischer Jahresbericht des Dürerbundes, München 1921, S. 1107 - 1116.

xiert.
Nicht uninteressant ist sein Kommentar zum 'Du Pape' von Joseph de Maistre, jener Apologie der souveränen Stellung des Papstes innerhalb der Kirche, jener Antwort des sardinischen Gesandten in Petersburg auf die französische Revolution, in der die primatiale und unfehlbare Stellung des Papstes eher politisch denn theologisch begründet wird[18]. So unterstreicht denn Bernhart, daß an De Maistre zu kritisieren sei, daß ihm die Kirche in erster Linie politisches Gebilde sei, das zur Not der sakramentalen Seite auch entbehren könnte. In aller Deutlichkeit weist er die Linien auf, die von De Maistre zum Ultramontanismus führen und von dort zum eigenen Rächer, nämlich zum Modernismus, wie er die Fäden weiterspinnt. Dem unheimlichen Spiel von Wille und Schicksal, dem Mysterium der Freiheit in der Geschichte der Päpste spürte Bernhart in seinem "Der Vatikan als Thron der Welt", ab der zweiten Auflage dann unter dem Titel "Der Vatikan als Weltmacht" erschienen, nach[19]. Eine Darstellung der Geschichte der Päpste, die immer wieder mit der Geistesgeschichte verquickt wird, die die Tragik von geistlichem Anspruch und Versuchung durch die weltliche Macht durchscheinen läßt, die in der souveränen Deutung und Einordnung der Ereignisse kurz und prägnant Bernharts Auffassungen zum Ausdruck bringt. Die gründlichste Triebfeder seiner Darstellung zeichnet er mit dem Satz: "*Was mit dem zwieschlächtigen Namen Christentum bezeichnet wird, ist der rational undurchdringlichste Faktor im Schicksal der Menschheit, der unter den von ihm berührten Völkern nicht aufhört,*

[18] Maistre, Joseph de, Vom Papste, in der Übersetzung von M. Lieber, hg. von Joseph Bernhart, München 1923; der Kommentar befindet sich in Band II, S. 298 - 314.

[19] Leipzig 1930.

die Rolle der geheimen Mitte in allen Gegensätzen zu spielen."[20] Diese geheime Mitte sucht er immer wieder anzudeuten.

Bernharts Arbeiten zur Mystik wollen sowohl Klärungen als auch seelsorgerliche Anregungen für seine Zeit sein[21]. Sie beschäftigen sich mit den Versuchen, die Zeit im Augenblick zu überwinden, mit einer eher ungeschichtlichen Ausprägung des Christentums. Seine Äußerungen zu diesem Gebiet sind quasi ein Gegenpol zu seinen Darstellungen und Deutungen der Geschichte. Beide Themen sind in ihren Schwerpunktsetzungen bezeichnend für Bernharts Wirken in der Catholica; es ist eine grundsätzliche Spannung, die sie wesentlich bis in ihre Anfänge hinein durchzieht.

Nicht unerheblich für das Verständnis seiner Konzeption der Kirche sind seine Aussagen zum Phänomen des 'Heiligen'[22].

Daneben dürfen freilich seine Einleitung zur Thomas-Ausgabe und die Arbeiten über Augustinus - eine Auseinandersetzung, die manche Charakteristika seines Kirchenbildes geformt hat - nicht vergessen werden.

Im folgenden soll mit Hilfe der hauptsächlich von ihm verwendeten

---

[20] S. 5f.

[21] Deutsche Mystik, BSB Ana 383, P 77; Der mystische Mensch, BSB Ana 383, U 65; Bernhardische und Eckhartische Mystik in ihren Beziehungen und Gegensätzen. Eine dogmengeschichtliche Untersuchung, Kempten und München 1912; Die Philosophische Mystik des Mittelalters von ihren Ursprüngen bis zur Renaissance, München 1922; Das Mystische, Frankfurt 1953.

[22] Vgl. dazu: Heiligkeit und Krankheit, in: Gestalten und Gewalten, S. 257 - 295; Das Stehen des Heiligen in der Geschichte, BSB Ana 383, U 75 (entstanden zwischen 1943 und 1946); Heilige und Tiere, München 1937. Zu denken ist daneben an seine Biographien: Franz von Assisi. Leben und Wort, 3., verbesserte Auflage München 1956; Bonifatius. Apostel der Deutschen, Paderborn 1950; Teresa von Avila, in: Gestalten und Gewalten, S. 75 - 93; Hildegard von Bingen, in: ebd., S. 61 - 75; Albertus Magnus, in: ebd., S. 29 - 61.

Bilder[23] für die Kirche eine Systematisierung seiner ekklesiologischen Aussagen vorgenommen werden.

Thesen

Der Mensch ist für Bernhart das am Horizont zwischen den animalia und den reinen Geistwesen stehende Geschöpf. Er weist und verlangt als ein von außen Gerufener über sich hinaus: er ist homo religiosus, von seiner Idee her angelegt auf die Kirche hin, wie umgekehrt die Kirche geschaffen ist für den Menschen.
Dem Menschen, der den Menschen in sich erst dann voll wirklicht, wenn er in die agape vordringt, geschieht ein Ereignis, dessen Vermittlerin die Kirche ist.
Die Kirche ist damit die Handhabe Gottes - und das weniger in rein instrumenteller, denn gerade auch in personaler Weise - zur Führung und Heiligung des Menschengeschlechtes[24].
Die vom Menschen selbst ausgehende Richtung der Heiligung kennt zwei in Polarität zueinander laufende Wege, nämlich den über das Ethos, das Ideal der sittlichen Vervollkommnung, und den über den Kultus.[25]

---

[23] Hauptsächlich zu nennen sind das Schiff, das sich im Wogengang der Zeit auch von Tang und Kadavern vertrockneten Gewürms wie auch von Schurkengesichtern nicht ganz freihalten konnte, dann die Kirche als die Ideee des Kosmos, die communio sanctorum, die Rasse der Bergpredigt, auch in der Variation der "generatio quaerentium faciem Dei", das fortdauernde Christusereignis, die Kirche als die Verleiblichung des Evangeliums, schließlich die Kirche als Bau, Leib und Braut.

[24] Einführung in den Katholizismus für Außenstehende, BSB Ana 383, U 89, S. 7.

[25] Wenn Bernhart von Bildern wie "Rasse der Bergpredigt" spricht, zeigt sich die Präponderanz der ethischen Komponente, die freilich den anderen Pol nie völlig erdrücken darf.

Die Heiligung geschieht als Gottähnlichwerden, als die Wirklichung des Gottebenbildes; die Heiligung ist letztlich Mitschöpfung in der Gemeinschaft derer, die zu Christus halten.
Das Gemeinschaftbilden des Menschen in dieser seiner Bestimmtheit ist die Tatsache des Bau-Seins der Kirche.
Die Kräfte, die in dieser Gemeinschaft walten und sie durch die Zeit hindurch zusammenhalten, formen den Bau zu einem organischen Leib.
Personen bilden diesen Leib, der beseelt ist von einer Formkraft, von Christus, dem Logos, den die Kirche in der Zeit wirklichen soll - die Kirche als der Leib Christi, als das fortdauernde Christusereignis, hingeordnet auf den Schöpfer: das personale Prinzip. Durch die Krisis des fortdauernden Christusereignisses wird die Schöpfung zum Schöpfer zurückgeführt.
In dieser wesentlichen Aufgabe ist die Kirche eine kämpfende in der Geschichte, sie fordert die Welt heraus, sie steht in einem Spannungshorizont von Natur und Übernatur, sie steht in der Spannung durch die Ver-Leib-lichung einer Idee. Gerade darin jedoch liegt der bestimmende Sinn aller Schöpfung, denn alle Wege Gottes enden im Fleisch.
Diese knappen Umrisse gilt es nun in drei Schritten zu entfalten: Die Religion des Christentums der katholischen Kirche als grundlegender Punkt, in dem die anthropologischen Bausteine zurechtgelegt werden. Danach geht es um die Aufgabe der Kirche in Gottes Welt- und Heilsplan, um das Langen nach dem Reich Gottes in der Geschichte. Drittens sollen die wichtigsten Aussagen zur Kirche als Bau, Leib und Person zusammengefaßt werden.

V. Die Religion des Christentums der katholischen Kirche

1. Der homo religiosus

Der Mensch macht in der Geschichte die Erfahrung, nie mit sich selbst einig zu sein; diese Erfahrung macht seine ihm eigene Not aus. Das geschichtliche Dasein hinterläßt den Befund einer letzten Zwiespältigkeit des endlichen Seins überhaupt und damit die Anerkenntnis einer friedlosen Situation[1]: "*ob man die animalisch-geistige Zwiebürgerschaft des Menschen ins Auge fasse, ob seine konträren Triebe zur Vereinigung und Besonderung, zur Einordnung und Ausordnung, zum Gestalten und Entstalten, zum Setzen und Aufheben des Gesetzten, zur Verselbstung und Entselbstung, was beides, wie Kultur und Religion beweisen, in einem und demselben Individuum zugleich und ineinander möglich ist...*"[2]
Bernhart bezeichnet jenen Punkt der Erkenntnis der Gegensätze als den höchsten Punkt der Selbsthabe, da er den, der den Zwiespalt erkennt, zugleich über diesen erhebt. Analogisch kann der menschliche Geist auf Gott schließen als auf den Unveränderlichen über dem veränderlich geschaffenen All, "*als der Heilige zum dämonisch mit der Potenz zu Gut und Bös geladenen, in der Geschichte sie austragenden Menschen.*"[3] Der höchste Punkt der Selbsthabe im

---

[1] Chaos und Dämonie, S. 129.

[2] Ebd., S. 128f.

[3] Ebd., S. 130.

Erkennen und Wollen ist der einheitliche Quellpunkt aller Aktivität des Selbst; Bernhart denkt hier an den Seelengrund der Mystiker. "*Die Natur neigt als Schiedlichkeit zur natürlichen Ichigkeit. Der Sinn der vernünftigen ist es, daß Gott sie kräftet zur übernatürlichen Gegenliebe.*"[4] Religiosität des Menschen ist also der Aufschwung des geschaffenen Menschen zu etwas außer und über sich, von dem er sich das Heil erwartet, das über allen Gegensatz-Spannungen die Einheit ist.

Zugleich aber, und das ist die gegenläufig ausgerichtete zweite Komponente, ist die Religion ein Geschehen mit dem Menschen von außen her: Religion im katholischen Sinn ist nicht allein das Ereignis der Seele, sondern mehr noch, ja vor allem Ereignis, das an dieser Seele geschieht. Dieses Ereignis wird vermittelt von der Kirche, dem Instrument Gottes zur Führung und Heiligung des Menschengeschlechtes.

Interessant ist der Kontext, in dem Bernhart diese für ihn zentrale Bestimmung der Religion trifft: er führt den Außenstehenden in die Kirche, in das Gebäude und dort vor die Chorschranken, das Trennende zwischen Priester und Volk. Er versucht die denkwürdige Macht des Priesters zu erklären und tut dies zuvorderst mit dem Sakramentsverständnis, dem opus operatum, einer Lehre, die nach seiner Sicht unzertrennlich mit dem Wesen der Kirche verbunden ist, einer Lehre, die zum Verständnis des innersten Begriffes von Religion unerläßlich sei. Diese Lehre führe bei tieferem Erfassen an eine "*Wegscheide der religiösen Menschheit*"[5], an die beiden Kraftstränge für die Religion: Das Heilige und das Profane treffen in ihr aufeinander; wohl deswegen bringt Bernhart seine 'Definition' an

---

[4] Einführung in den Katholizismus für Außenstehende, S. 7.

[5] Ebd.

der Scheidemarke zwischen Priester und Volk im Raum der Kirche. "*Und wie alle großen Gezweiungen in Natur und Geschichte ist auch diese in der Wirkung bauend und zerstörend zugleich und erzeugt das überwiegende Leben und Heil aus einem Boden, der von geopfertem Wert genährt sein will.*"[6]

Natur und Geschichte werden von einer schlechthin anderen, zweiten Wirklichkeit überhöht. Bernhart sieht dies als einen Prozeß analog dem zwischen Materie und Form. Damit unterliegt auch das Religiöse der Gefahr, ja der Tragödie, wie Bernhart es bezeichnet, eines jeden Wertes: Es entstehe eine Wechselbeziehung zwischen Materie und Form. Es sei das unausbleibliche Schicksal der Dinge, daß sie ihrem ursprünglichen Sinn entgleiten und in einen anderen Zusammenhang, in eine andere Ordnung übergehen. Die Religion steht in der Gefahr der Rationalisierung: Dem Menschen, der unfähig und ungeneigt wird, an irrationale Mächte im Dasein zu glauben, wird Religion zu Kultur[7], denn die Religion kommt nicht aus dem Verstand, sie läßt sich aus ihm allein auch nicht erwecken, durch ihn aber auch nicht widerlegen[8]. Die Übernatur wird zur Form, die an der Natur, die genauso gottgewollt und gottgeschaffen ist, ihre Form vollstrecken kann. Konkretisiert hin auf das Christentum heißt das, daß die Natur von der Offenbarung ergriffen worden ist.

Diese biblisch geoffenbarte Religion wird verleiblicht in der Kirche.

---

[6] Ebd., S. 8.

[7] Vgl. Tragik im Weltlauf, S. 63 - 67.

[8] Vgl. Bonifatius. Apostel der Deutschen, S. 132.

2. Das radikal Andere befremdet: Das Christentum in der Welt

Das Ernstnehmen des Zeichens des Anstosses und der Ärgernisse, des Kreuzes, ist das Auszeichnendste des Christen. Nicht nur die gegenchristliche Welt nimmt Anstoß an dem Symbol der Grundverfaßtheit dieser Welt, das der Welt doch - mit Pascal gesprochen - fremd ist, sondern auch in der Schar der Anhänger Christi selbst "*gibt es ein stilles und verborgenes Ärgernisnehmen an dieser Religion*"[9]. Denn mit Christus ist das Schwert der Entzweiung über die Menschen gekommen und der Prozeß des Menschseins ungeheuer dramatisiert worden[10].

Christsein wird aktuiert in der Auseinandersetzung mit der Welt. Wohl kaum in einem anderen Werk hat Bernhart dies so packend dargestellt wie in dem Essay über Pascal[11]. Er tut dies in der Form eines Dialoges, den er mit einer Jansenistin in den Ruinen von Port-Royal geführt hat. Seine Aussagen und die Art und Weise, in der er ihn führt, sind sprechender Ausweis seines Verständnisses des Christlichen.

Bernhart bezeichnet sich dort, der Jansenistin gegenüber, die er eher als eine "*Christin gegen etwas*" ansehen will, als einen Christen, der "*Christ ist für etwas*". Und das wird an der verständnisvollen, einfühlsamen, aber bestimmten Haltung im gesamten Dialog deutlich, die einen weisen Seelsorger und profunden Theologen des Christentums verrät. Diese Stelle, der dichtesten eine, ist wohl eine seiner

[9] Pascal. In den Ruinen von Port-Royal, in: Gestalten und Gewalten, S. 93-127, hier S.117.

[10] Pascal, S. 117: "Von allen Prüfungen seines Christseins, die der Christ erfahren kann, ist die tiefste seine eigene Christlichkeit."

[11] Dort vor allem auf den Seiten 120-127.

engagiertesten Antworten auf die Frage der Fragen, die er sich gestellt sieht unter dem Wortlaut, was er denn vom Christentum halte, von dem, was Jesus gelehrt und getan hat und was in der hellen und trüben Geschichte daraus geworden ist. Bernhart gesteht zu, daß Christsein nur im Gegen möglich sei, im täglichen Gegen zu sich selbst, genauso wie gegen die Welt.
"*...dennoch wäre ich kein Christ, wollte ich es nur gegen die Welt sein.*"[12] Und er differenziert das Gegen: das der Jansenistin ist in seinen Augen ein militärisches, seines soll ein forensisches sein, das letztendlich keinen Feind kennt, denn auch Gott sei nicht der Feind seiner Welt. Nicht nur den Bußpsalm auf das menschliche Elend will er singen, sondern genauso den Jubelpsalm auf die Herrlichkeit des Gottebenbildes. Ihm liegt nicht an der Verleumdung der Geschöpfe Gottes, denn auch aller Mangel findet seinen Sinn in Gottes Weltplan. Das ganze Evangelium mit seinem Sic et Non soll ihm Maßstab sein für sein Sein und Tun.
Das Kreuz ist das Zentrum, aber nicht das letzte Wort. Ausdrücklich verweist er auf die Humanitas Christi und auf die Auferstehung, wenn er formuliert: "*Und vergessen nicht, daß er auch auferstanden und zum Himmel aufgefahren ist. Ein Christentum, das weiter nichts vermöchte als das Menschenbild zerrütten, wäre nicht die Religion dessen, der für uns Mensch geworden ist. Humanitas Christi!*"[13]
Man kann in der Religion nicht sprechen, ohne eine bestimmte Sprache zu sprechen, eine solche Sprache ist für Bernhart das Christentum, "*...in dem ich geboren und aufgewachsen bin, wie meine Muttersprache erworben, um es zu besitzen. Ich nenne es nicht Katholizismus, sondern genauer und verbindlicher das Christentum*

---

[12] Ebd., S. 117.

[13] Ebd., S. 127.

der katholischen Kirche"[14] als der legitimen Trägerin und Mittlerin der Offenbarung in Christus, einer Offenbarung, die von Anfang an und bis heute aufgerührt und erregt hat. Das Erregende besteht gerade darin, daß diese Offenbarung den Menschen vor die Frage stellt, was denn Christus von ihm halte. Aus dem fragenden, nach Sinn suchenden Menschen wird der Gefragte, der antworten soll auf das konkrete Sinnangebot und auf die damit verbundenen Forderungen.

Denn Christi Lehre und Leben erschöpft sich nicht in einer bloßen Humanitas: der Mensch muß sich über den Menschen erheben, aber das Wohin dieser Erhebung bleibt nicht gleichgültig. Es ist markiert durch die prägenden Grundlagen des Christentums. Bernhart nennt an erster Stelle die Bergpredigt und das Vaterunser. Auch sie erfüllen die Forderungen der Humanität, zeigen aber zugleich, daß das Ganze des Menschen verwoben ist in ein schlechthin anderes, erhabenes Leben. "*Die Namen Vater, Reich der Himmel, Wille Gottes, Schuld-Versuchung-Vergebung durchbrechen die Grenzen aller humanen Ethik. Da fordert eine Stimme, die nicht das Echo der unsrigen ist; da wird der Mensch eines Zusammenhangs inne, in dem er, der Bettler im Geiste sein soll, um alles dessen willen selig gepriesen wird, was er der eigenen Natur am schwersten abringt.*"[15]

Christentum heißt zu Christus halten und nicht nur auf christliche Kultur, den Duft aus der leeren Vase, bauen.

Diese Stellen zeigen, wie tief Bernhart, der die Kulturgeschichte Europas gerade in den großen Geistern kennt, die von Christus

---

[14] Was halten Sie vom Christentum, in: Wachinger, S. 268.

[15] Mensch und Christ, BSB Ana 383, U 76, S. 3; dieses Fragment entstand in den letzten Jahren des Zweiten Weltkrieges.

geoffenbarte Wirklichkeit als das radikal Andere empfindet. Denn alles, das Gute wie der Mangel, hat einen neuen Bezugspunkt bekommen. Dieser Bezugspunkt ist offenbar geworden in der Geschichte, ist aber vor dem Zeitpunkt seines Eintretens bereits Wirklichkeit gewesen und bleibt wirklich: das Christusereignis. Mit ihm erst wird der wirkliche Mensch in seinem Wesen und in seiner Stellung in der Geschichte offenbar. Bernhart bezeichnet dieses Christusereignis als einen Einbruch in die Zeit, der die Menschheit, ob sie nun wolle oder nicht, nicht mehr zur Ruhe kommen lasse.

3. All-umfassend: katholisch - mehr als nur eine Denkform

Katholizismus ist für Bernhart wohl d i e Denkform, das zeigt sich bei der Lektüre seiner Werke immer wieder, aber er wird ihm mehr noch zu einer persönlichen Haltung, zu einem Glauben des Gehaltenseins. Für ihn ist das Verständnis des Katholischen nicht vom Ereignis der Kirche zu trennen, es ist eine Angelegenheit der lebendigen Erfahrung; aus dem Adjektiv läßt sich letztendlich keine selbständige Macht, kein Substantiv, entwickeln.
Katholisch ist für Bernhart ein Bekenntnis, freilich kein einengendes, sondern ein entgegenkommendes. Katholisch heißt im Sog des universalen Heilswillens stehend. Der Erlöser steht vor der der Erlösung bedürftigen Schöpfung, die sich im Bereich des freien Willens auch gegen ihn entscheiden kann.
Die katholische Kirche beansprucht die Menschennatur als ein Ganzes aus Leib und Seele, sie selbst verkörpert ja dieses Leib-Seele-Gebilde. Deshalb ruft die Kirche die Weltmacht des Leiblichen genauso zum Dienst des Ewigen auf wie Geist und Seele. Beide Bereiche berücksichtigen denn auch seine zentralen Charakteristika

des Katholischen. Bernhart gliedert sie in die drei Komponenten Lehrgut, Bilderschatz und heiliges Handeln.

3.1 Das wesentlich katholische Lehrgut

Bernhart spricht vom metaphysischen Optimismus angesichts des Befundes der defektiven Welt, von der allgemeinen Zuversicht ins Dasein.

"*Vernunft und Natur kommen trotz aller Defektivität nicht um ihr gottgegebenes Recht im Heilsgeschehen.*"[16] Die Vernunft ist gültig und verpflichtend bis an die Grenze ihres Vermögens. Es ist gut katholische Auffassung, daß die Vernunft auch bei der Wirklichkeit anzukommen vermag. Diese Auffassung widersetzt sich auch dem Gedanken der Einerleiheit von Natur und Geist.

Die Vernunft steht immer in Auseinandersetzung mit dem Ansturm des Irrationalen. Bernhart erläutert dies mit seinem Lieblingsbild vom Geisteskampf, der "*zeugt von der Tiefe der besonderen Schwierigkeiten, mit denen die Ratio im Äon der christlichen Offenbarung zu ringen hat.*"[17]

Er verweist auf die Problematik, die sich um Glaube und Wissen, um affirmative und negative Theologie auftut. Die natürliche Vernunft kann, je tiefer sie vordringt, auch die Schau aus dem Glauben vertiefen. Und sie ist eine Kraft, die in die geschuldete Gottesliebe mit ganzer Intensität einzubringen ist. Die Erkenntnis ist nicht allein Sache des Verstandes, sondern hat auch das Aufgebot der Willens-

[16] Goethe und die katholische Welt, in: Gestalten und Gewalten, S. 129 - 148, hier S. 136.

[17] Das Wesen des Katholizismus, S. 1.

und Liebeskräfte notwendig. "*Denn Geist und Leben nicht zu mengen, nicht zu verquicken, sie aber auch nicht zu spalten, als wäre ihre Ehe aufzulösen - das ist katholisch.*"[18] Das intelligo ut credam und das credo ut intelligam behaupten sich im Katholizismus kontinuierlich nebeneinander. Bernhart spricht von einer Eifersucht dieser Kräfte, denen beiden als Grenze das Mysterium bleibe[19].

Die analogia entis

Ein wichtiges Charakteristikum katholischer Welterklärung ist für Bernhart die analogia entis. Er spricht von ihrer radikalen und durchgängigen Bedeutung. Ausfluß findet dieses Prinzip in dem Satz, daß alles in zwei erschaffen sei. Gleichzeitig merkt er die innere Schwierigkeit des Analogieprinzips an, denn die beiden Seiten der Analogie sind wohl vergleichbar, aber wesentlich inkommensurabel. Dieses katholische Lehrstück bewahrt vor dem Monismus des Geschöpflichen genauso wie vor dem Pantheismus oder einem innerlich endlosen Dialektizismus. Bernhart weist in langen Ausführungen auf das Inkommensurable, auf das ganz Andere hin, unterläßt es aber auch nicht, Licht auf die andere Seite zu werfen: auf die Wechselbeziehungen zwischen den geschiedenen Ordnungen. Dieser Gedanke ist die Ausfaltung der zentralen Bedeutung, die der vermittelnden Stellung des Fleisch gewordenen Wortes beigemessen wird. Überhaupt ist nach Bernhart die gewaltige Rolle der Vermittlungen eines der auffälligsten Phänomene des Katholizismus.

---

[18] Goethe und die katholische Welt, S. 139.

[19] Vgl. Das Wesen des Katholizismus, S. 5.

In der Spannung von Zeit und Ewigkeit

Auch die Kirche steht in der Spannung zweier solcher inkommensurabler Ordnungen, nämlich der Zeit und der Ewigkeit. Die Kirche ist, sie ist da und sie geschieht auch[20]. Obwohl mit ihren Dogmen und festen theologischen Wahrheiten statisch, löst sie eine ungeheure Dynamik in der Geschichte aus; diese Dynamik außer ihr bringt wiederum sie selbst in ihrem Innern in Bewegung.

Voll Gegensätzlichkeit ist auch ihr Verhältnis zur Welt. Bernhart verweist dafür auf die Beispiele unterschiedlicher Heiliger: Weltgebrauch und Weltverzicht bis hin zu Weltverachtung - alles findet sich in ihrem Rahmen. In Konsequenz zu ihrem Stehen in diesen beiden Ordnungen des Schon und Noch nicht, von Zeit und Ewigkeit unterliegt die Kirche der Polarität von Sein und Werden.

Die Polarität von Sein und Werden

Eine Ausprägung davon sieht Bernhart in der Aufgabe der Kirche als der Verwalterin der dialektisch bewegten Offenbarung auf der einen und dem juridisch durchgeformten System der staatsmäßigen Institution auf der anderen Seite[21].

Die Kirche ist ecclesia aedificata, bereits auferbaut von oben, von Anbeginn her, und sie ist zugleich aedificanda, werdende Kirche in der Raumzeit, im empirischen Sinne, und als solche gehört sie in den Bereich des Geschöpflichen. Im Katholizismus zeigt es sich deutlich, wie ein System, das durch Dogma, Tradition, Rechtsbildung und Hierarchie ein geschlossenes ist, von der Kontingenz der ruhelosen Geschichte gezwungen wird, ein offenes zu bleiben. Sie bewahrt das Sein und ist dem Werden unterworfen.

---

[20] Vgl. ebd., S. 13.

[21] Vgl. Das Wesen des Katholizismus, S. 15.

Charakteristische Aussagen zur Ethik

Dem Sein folgt das Tun - auch bei Bernharts Durchführung der Darstellung der zentralen Charakteristika des Katholischen. So ist der Bereich des Handelns genauso geprägt von der Polarität: Das Handeln steht primär in der unauflösbaren Problematik von göttlicher Allursächlichkeit und der Freiheit des menschlichen Wollens. Der Gegensatz von Thomismus und Molinismus ist damit in Bernharts Augen ein bezeichnender, genauso bezeichnend aber ist das Faktum, daß die katholische Kirche beide Richtungen in dieser Frage gelassen und keine letztverbindliche dogmatische Entscheidung getroffen hat[22].

Das Vertrauen auf den frei aus sich entscheidenden Willen ist im Katholizismus Ursache von beherzter und unternehmender Aktivität geworden. Das Vertrauen in die menschliche Kraft steht dem vom Menschen Geforderten gegenüber, von dem Bernhart betont, daß es in der katholischen Gesetzesreligion nicht wenig gebe: die lex Christi, die sich in der menschlichen Gesetzgebung der Kirche in ein gewaltiges System von Satzungen und Vorschriften verzweigt habe. Das tausendmaschige Gesetzessystem bringe die Gefahr mit sich, nur mit schlechtem Gewissen auf das Gewissen zu vertrauen. Demgegenüber unterstreicht er mit aller Vehemenz die Bedeutung der Epikie: Gerade in dieser Lehre zeige sich die bedeutende Stellung des menschlichen Gewissens, das nicht nur als ein Organ des sittlichen Vorwurfes verstanden werden dürfe. Immer wieder spricht er vom Wert, auf die innere Stimme zu hören, in Anlehnung an Lk 12,57 aus dem Menschen selbst zu entscheiden, was recht ist, denn der innerste Bescheid um das Rechte sei uns eingeboren[23]. Und

[22] Ebd., S. 16.

[23] Vgl. dazu auch Goethe und die katholische Welt, S. 143.

Bernhart bringt an dieser Stelle Augustins weitende Forderung Ama et quod vis fac und das Bernhardische Diktum von der fides non imponenda sed suadenda als Prinzipien für die Heilssorge für eine apostasierende Welt.

3.2 Der Bilderschatz der Catholica

Wenn Bernhart bei der Besprechung von Friedrich Heilers "Katholizismus" vom Dom der katholischen Religion und von seiner folgerichtigen Gebautheit spricht[24], und wenn er in seiner Einführung in den Katholizismus den Hörer mitnimmt in einen Dom, wenn er also hier ein geprägtes Bild für das Katholische nimmt, wird deutlich, welche Bedeutung er dem Bilderschatz zumißt.
Freilich liegt das Grundmovens wieder in der Problematik Materie-Geist: die Idee, die nach Äußerung im Stofflichen sucht.
Grundlage ist die Notwendigkeit des anthropomorphen Redens von Gott
Der Drang nach Versinnlichung und der Zug zur Äußerung stehen dem nach Innerung gegenüber. "*Der theologische Anthropomorphismus der Bibel, d.h. ihre Vermenschung Gottes im Sprechen von ihm ist ein Ärgernis des Denkens, das umgekehrt den Weg der Verneinung aller positiven Aussagen geht.*"[25] Aber dieser Anthropomorphismus ist unumgänglich, wichtig ist nur, daß der Mensch um ihn weiß, daß es sich quasi um einen aufgeklärten Anthropomorphismus handelt.
Die Rede vom Schöpfergott befreit auf der einen Seite von heidni-

[24] Heilers Katholizismus, S. 1107f.

[25] Kunst als Nachahmung, BSB Ana 383, U 3.5., S. 8.

schen Mythologemen, ist aber auf der anderen Seite ein einziger Anthropomorphismus. Schon die Rede vom sprechend-schaffenden Gott als das sinnliche Äußern eines innerlich Gedachten ist Anthropomorphismus, genauso die Rede von der Weisheit Gottes. Gleichzeitig aber findet dieser Anthropomorphismus darin seine Legitimation.

Die Tendenz zur Versinnlichung

Die katholische Kirche, die um der Menschen willen ist, die sich zum Heil der Menschen bestellt weiß, die, wie bereits ausgeführt, die gesamte Menschennatur beansprucht, ruft auch den sinnlichen Menschen auf der sinnlichen Ebene an. Leibliches und die Geist-Seele bietet sie auf zum Dienst des Ewigen, sie bringt beides gerade dort zusammen - der ursprünglche Wortsinn des Begriffes Symbol. Gerade das Katholische weiß um die Bedeutung der Symbolsprache der Dinge für ihre Aussagen, deren ausdrückende, charakteristische Bedeutsamkeit. Es handelt sich um Geschaffenes, das in besonderer Weise auf den Schöpfer hinweist.
Mit dieser Art von Symbolismus wird das Vergängliche als Gleichnis verstanden, d.h. aber auch, daß die Ausdrucksformen des Katholischen nicht nur ästhetisch bedeutsam sind. Die Lehre von der analogia entis läßt es zu, ja fordert es geradezu, die Erscheinungswelt als offenbarend zu nehmen: der Blick auf die Phänomene weitet sich zu dem Blick auf das, was über und hinter den Phänomenen ist und sie sinnvoll bewegt. Von diesem Gedankengang her wird auch deutlich, welch lebendiger Begriff für Bernhart Geschichte ist, wie er den Sinn des Katholischen für Tradition verstanden wissen will.
"*... der furchtbare Ernst, mit dem der Christ, wahrlich auch der katholische, Geschichte auffaßt als das zeitflüchtige Angebot der*

Ewigkeit."[26]

3.3 Das heilige Handeln

Im Zentrum des Christentums steht die Offenbarung, also das Reden und Wirken des persönlichen, heiligen Gottes, der in Christus menschlich erschienen ist. Das Ende aller Wege Gottes ist das Fleisch. Dies berechtigt die Zuversicht des Katholiken ins Dasein. Das Stoffliche ist rettbar, angelegt hin auf den Retter; Bernhart spricht von seiner himmlischen Berufenheit[27]. Deswegen kann auch die Natur Trägerin von Sakramenten werden. In den Sakramenten zeigen sich Natur und Idee in ihrer Versöhnung.

Die Kirche ist zutiefst in ihrem Wesen selbst Sakrament. Herz und Mitte des inneren Lebens der Kirche wiederum ist das eucharistische Opfersakrament[28].

Man versteht - nach Meinung Bernharts - das katholische Christentum überhaupt nicht, wenn man nicht erkennt, daß es auf dem Primat des Objektiven beruht, auf Wirklichkeiten, die nicht der Mensch erzeugt, sondern die er vorgefunden hat. "*Die Idee der Objektivität der Religion aber tritt innerhalb des Katholizismus schlagend auch in der gültig gewordenen Theorie des Sakraments als opus operatum*

---

[26] Goethe und die katholische Welt, S. 147.

[27] Ebd., S. 140.

[28] Wesen des Katholizismus, S. 11; Einführung in den Katholizismus, S. 6: "Der in Brotsgestalt gegenwärtige Christus ist das schlagende Herz der Kirche, das Wesen des Katholizismus."

hervor."[29] Es beinhaltet die Forderung an den Menschen, das Heil in Furcht und Zittern zu wirken, es fordert die Frömmigkeit, aber in Anerkenntnis des unheilen Erdenstandes ist es Werk Gottes an uns durch die sinnliche Wirklichkeit.

Unzertrennlich verbunden mit diesem Sakramentsverständnis sieht Bernhart das Wesen, den Sinn und das Amt der katholischen Hierarchie[30].

Die Zweiheit von Natur und Übernatur, von heilig und profan ergibt folgerecht auch die von Priester und Laie. Diese Scheidung der Gesamtkirche ist in Bernharts Augen das auffälligste Merkmal auf der gesellschaftlichen Seite des Katholischen. Sie gründet in historisch und dogmatisch unveränderlichen Ursachen. Die Hierarchie ist als Idee und als Realität mit dem Wesen der katholischen Kirche mitgegeben. Die Kirche braucht wie jede Gemeinschaft regierende und leitende Organe, die aber zudem - und das wesentlich - noch die heiligen Geheimnisse ausspenden, und zwar aufgrund ihrer von Gott übertragenen Gewalt. Deswegen gilt in der Kirche auch nicht das demokratische Prinzip, das in den Kirchen des Protestantismus vorherrsche. Die Träger der hierarchischen Gewalt sind den Gläubigen gegenüber nicht verantwortlich, sondern nur Gott, bzw. der übergeordneten hierarchischen Instanz.

Gleichzeitig verweist Bernhart auf die Berufung eines jeden Getauften zum priesterlichen Dienst am Reich Gottes, dazu, eine aktive

---

[29] Einführung in den Katholizismus, S. 7.

[30] Vgl. Wesen des Katholizismus, S. 12.

Heerschar des Priesterkönigs Christus zu werden[31].

Von der Betrachtung der Auffälligkeiten am Katholischen gehen wir nun über zu einer Innenschau der Kirche an der Erörterung ihrer Aufgabe in dieser Welt.

[31] Vgl. ebd.: "Das fordert aber mehr als der Catechismus Romanus in der Auslegung von 1 Petr. 2,9: alle zur Kirche Gehörenden vermögen kraft ihrer übernatürlichen Würde auf dem Altare ihres Herzens geistige Opfer durch Gebet und gute Werke darzubringen. Es wird in Zukunft neuer Formen bedürfen, um der ihres sakramental begründeten allgemeinen Priestertums bewußt gewordenen Laienschaft eine Aktivierung ihrer Rechte zu ermöglichen, bei der ihr das Weihepriestertum so Halt wie Schranke bedeutet." (S. 13)

VI. Das Langen nach dem Reich Gottes in der Geschichte

Für den Kosmos, Natur wie Geschichte, ist das Ziel aller Bewegung das Reich Gottes zu wirklichen; die Kirche wird zum Inbegriff des Kosmos[1].

So gilt es in diesem Punkt zunächst aufzuzeigen, welches Sein und welche Aufgabe die Kirche in Gottes Welt- und Heilsplan hat, es geht um eine Wesensschau, um den ontologischen Aspekt.

Dann sind die beiden Wege auszuleuchten, auf denen die Gemeinschaft der Heiligen, also die Kirche, diese Idee wirklichen kann: Die beiden Wege, die dem religiösen Menschen dafür vorgegeben sind und die auch für den Christen der katholischen Kirche nichts von ihrer Gegensatz-Spannung verloren haben, sind das Streben nach dem sittlichen Ideal der Vollkommenheit, also der Weg über den Vorrang der Sittlichkeit der Handlungen, und die Schwerpunktsetzung im Bereich der kultischen Frömmigkeit, es geht letztlich um die seltene Harmonie, um den verborgenen oder offenen Zwiespalt zwischen Propheten und Priestern.

Dabei wird auch das Ziel der beiden Wege zu betrachten sein: der von Gott gerechtfertigte Mensch. Wir können nicht vorbeigehen an Bernharts Erwägungen zur Heiligkeit in der Geschichte.

Schließlich gilt es zu zeigen, daß die Radikalität der sittlichen Forderung letztlich nur in der freien Hingabe der Person an den göttlichen Willen ihre Erfüllung finden kann. Bernhart gebraucht für

[1] Kosmos und Hierarchie, S. 16.

diesen Punkt das Bild der ehelichen Hingabe; die Kirche ist mithin das Ursakrament in der Fleischwerdung des Logos, dem Urbild der Hingabe.
Damit sind wir bei der zentralen Aufgabe der Kirche angelangt, eine Gemeinschaft von Heiligen zu werden, die Idee des Menschen, der geschaffen ist hin auf die Gemeinschaft der Kirche, zu wirklichen und die Idee der Kirche, die gestiftet ist und auferbaut wird hin auf den Menschen im Vollsein.

1. Ontologische Prämissen

Die ewige Kirche ist das Realste vom Realen, das Innerste und Wesentlichste aller Geschichte, das Seiendste im Geschöpflichen, der Kosmos nach Gottes Inbegriff[2].
Die Kirche will den Menschen so, wie er von Gott gedacht ist, sie will ihn so in der Gemeinschaft, wie Gott ihn als gemeinschaftsbestimmtes Wesen geschaffen hat, kurz: die Kirche will den Menschen nach seinem Inbegriff zur Ausprägung kommen lassen.
So ist die Kirche hin auf den Menschen, wie er sein soll, angelegt, und der Mensch hingeordnet auf die Kirche.
Damit geht es im Stadium des Nebeneinanders von Weltreich und Gottesreich um die Überführung des Weltreiches ins Gottesreich, um die Wirklichung des Reiches Gottes in der Geschichte.
Wesen und Geschichte der Kirche sind nicht das nämliche und hängen doch so ineinander, daß nicht das eine ohne das andere ist. Wenn wir also hier bei der Betrachtung die ontische und die moralische Stufe trennen, so muß bewußt bleiben, daß Wesen und Wirkli-

[2] Ebd., S. 23.

chung untrennbar miteinander verquickt sind[3]. Das Katholische meint beide Bereiche, die thronende Wesenheit der Kirche und das zeitliche Gemenge in Staub und Niedrigkeit, verbunden mit der Gefahr, nicht zur Wirklichung zu gelangen.

Die Wesenform der Kirche ist die Religion Jesu Christi; so kann Bernhart auch vom Leib-Seele-Sein der Kirche sprechen. Sie ist eine von Gott her begründete Verbindung von Menschen mit dem Zweck, das heilbringende Erlösungswerk dauernd zu machen[4]. Weil die Kirche eine Natur und Geschichte übergreifende Wirklichkeit, darum auch ein den Verstand übergreifender Gegenstand ist, ist sie Gegenstand des Glaubens, ist sie zutiefst Mysterium.

Die Kirche nimmt das Ganze der Geschichte genauso wie das Gesetz der Natur als den Stoff des Reiches Gottes. Zu ihrem Wesen gehört die Geschichte, die Auseinanderlage, auch das Nebeneinander von Heilig und Böse, was Bernhart in der Etymologie von 'sacer' vorgegeben sieht. Von daher ist sie streitende, d.h. sie kommt an die Welt heran, setzt wie ein Hebel an der Geschichte an. Die katholische Kirche geht auf das Ganze der Geschichte, das Ganze des menschlichen Körper-Seele-Wesens, das Ganze der lebenden Geschlechter in jedem Augenblick, das Ganze der Natur[5], weil sie von ihrem Gedachtsein her diese zu überformen hat, das fortdauernde Christusereignis zu wirklichen hat. Aufgabe der Kirche ist es, "*die mit dem Weltsein unaufhörlich sich ergebende Situation des auf Lösung drängenden Ungelösten, eben jenes Adiakriton von Chaos und Dämonie, in der 'mystischen' Gemeinschaft mit Christus und in*

---

[3] Vgl. Göttliches und Menschliches in der Kirche, in Gestalten und Gewalten, S. 446f.

[4] Ebd., S. 450.

[5] Vgl. Der Vatikan als Weltmacht, S. 49.

seinem Geiste (Pneuma) zu bewältigen, also die Ordnungsform des von ihm verkündeten und in seiner Person bereits erschienenen Reiches Gottes zu verwirklichen."[6]

Die Welt ist herausgefordert durch das fortdauernde Christusereignis[7]. Provokativ fragt Bernhart, was durch das Christusereignis neu gemacht worden sei: "*Die Geschichte seither, also die der messianischen Zeit, hat Größe, Adel und Herrlichkeit eigener Art aufzuweisen. Gegenüber liegen abyssale Erscheinungen von gesteigerter Furchtbarkeit. Die Zwiemöglichkeit der dämonischen Weltverfassung ist weiter ins Hohe, Erhabene, aber auch ins Tiefe, Abgründige gewachsen.*"[8]

Wenn es mit der Welt nach Christus nicht besser wird durch Christus, ist dieser Zustand noch beklagenswerter als der außerhalb des Kreuzes, da es ein Sichversagen gegenüber dieser Herausforderung bedeutet. Der kritische Charakter des fortgehenden Christusereignisses wird noch unterstrichen, wenn man sieht, wie dort, wo menschliches Versagen zu konstatieren ist, alles aus den Fugen gerät. Das Heil ist angeboten, aber nicht aufgezwungen; der Mensch kann sich dem Angebot versagen, er kann sich zurückziehen auf das nach eigenem Menschenmaß Leistbare: dieses sind die Menschen, die nicht mehr zu Christus halten, sondern nur noch bauen auf christliche Kultur, auf Kultur und Humanität, auf den Duft aus der leeren Vase, wie Bernhart sich ausdrückt[9].

Entscheidend ist das Mittun des Menschen mit Gott am geschicht-

---

[6] Chaos und Dämonie, S. 158f.

[7] Vgl. Mensch und Christ, S. 4.

[8] Chaos und Dämonie, S. 164.

[9] Ebd., S. 165.

lichen Scheidewerk, das humane Mithandeln auf den beiden Wegen der Sittlichkeit und des Kultes.

2. Die beiden Wege menschlichen Mithandelns: In der Spannung zwischen dem sittlichen Ideal der Vervollkommnung und der kultischen Frömmigkeit

Die Klüftigkeit zwischen Prophetie und Priestertum zeigt sich überdeutlich bereits beim Blick auf Altes und Neues Testament. Denn die einzige große Geschichte, die die Bibel erzählt, das Handeln Gottes mit seiner Schöpfung und das antwortende Handeln des Menschen in Gut und Böse ist bereits durchwoben von der unterschiedlichen Antwort des Menschen, wie Bernhart in "Bibel und Mythos" deutlich macht. "*Ihm dient ein Priestertum unter dem statischen Ideal von Gesetz und Kult, Ihm ein dynamischer Prophetismus, der polar zum Priestertum steht und die Herzen zum pulsenden Leben rüttelt für den lebendigen Gott.*"[10] Priester wie Propheten schreiben von diesem lebendigen Gott und seiner Geschichte mit dem Menschen, den er zur Rede stellt, der in Freiheit mit Ja und Nein antworten kann. Bernhart sieht darin das Drama liegen, das erzittern machende Thema der gesamten Bibel. Dabei komme immer wieder die Warnung vor dem Mißverständnis, daß der äußere Kult die sittliche Hingabe des Herzens ersetzen könne. Die Warnung vor der "*unaufhörlichen Versuchung, im Grunde nicht Gott und den Menschen zu lieben, sondern nur die eigene Frömmigkeit*".[11]
Nicht nur die unzulässige Gewichtsverschiebung zwischen den bei-

---

[10] Bibel und Mythos. Ein Vortrag, München 1954, S. 27.

[11] Ebd., S. 28.

den Polen Ethik und Kult droht als Gefahr, schlimmer ist noch, wenn die Laster mit der Frömmigkeit ihr Bündnis geschlossen haben, daß der Kult die Verbrechen rechtfertigt. Ursprünglich wollte der Kult Ausdruck sein, der symbolische und sakramentale Ausdruck der sittlichen Beziehung des Menschen zu Gott. Es sollte darin versinnlicht werden, daß der Gott Israels seinen sittlichen Anspruch auf jeden einzelnen wie auf die Gemeinschaft erhoben hatte.

Aus der Gegensatzspannung zwischen kultischer Frömmigkeit und freier sittlicher Bindung an den Gotteswillen erwächst einer Religion ihre Lebendigkeit. Es gehört zur ungebrochenen Ganzheit, daß sich das Innere seinen Ausdruck verschaffen will; gleichzeitig liegt in diesem Äußerungswillen die Gefahr, zur Veräußerlichung zu entarten: das Hinaussetzen als eine Verfestigung inneren Habens und zugleich eine Auslieferung an das Draußen - auch hier die Zwiemöglichkeit. Die Äußerung als Leistung an Gott, die den sittlichen Rückstand aufwiegen soll, gerät zum religiösen Geben, das verquickt ist entweder mit der Erwartung, dafür etwas zu empfangen in der Form äußerer Güter, oder mit der Vorstellung, daß damit die Hingabe des ganzen Menschen ersetzt werden solle.

Jesus kommt den Satzungen der Tempelreligion in vollem Maße nach, obwohl er gleichzeitig, da er einen Tempel für die Anbetung im Geist und in der Wahrheit aufrichten will, diese Tempelreligion sprengt. Er kennt die Zeremonialgesetze an, im gleichen Atemzug aber stellt er fest, daß Gott nicht Opfer wolle, sondern Barmherzigkeit. Die überlegene Freiheit, die sich aus dieser Sicht ergibt, zeigt sich aus seiner Äußerung, daß der Sabbat um des Menschen willen da sei und nicht umgekehrt. Ausgangspunkt der Betrachtung und Überlegung ist ganz offensichtlich der Mensch. Auch nach den Worten Jesu sieht sich der homo religiosus in das Sic et Non gestellt. Die beiden großen Entscheidungen von gegensätzlichem Charakter, nämlich das Prophetenwesen und das Priesteramt, dienen dem Herrn, der der überfassende Dritte ist[12]. Moses etwa verkörpert sie beide, er ist der prophetische Verkünder Jahwes und seines ins Gesetz gefaßten Willens.

Es ist der Widersatz von Statik und Dynamik, den Bernhart in seinem ganzen Reichtum entfaltet sehen will; hier läßt sich die menschliche Situation in ihrem Gegenüber zur göttlichen Seinsfülle verdeutlichen. Die eine oder die andere der beiden Erscheinungen für sich genommen sind nicht das volle Zeugnis des Offenbarers. Bernhart will die beiden Pole in ihrem spannungsvollen Zueinander belassen wissen, setzt aber eindeutig den Schwerpunkt auf den Bereich der Sittlichkeit, auf das Prophetentum mit seinem Entweder-oder im Kampf von Weltreich und Gottesreich[13]. Es geht letztlich um das Mitwirken der geschöpflichen Freiheit mit Gottes Schöpfungstat, mit Gottes Schlag an der Welt, die Welt zu schmieden für Gott.

Exkurs: Der Begriff des Eros bei Bernhart

Bernhart sieht als eine wichtige Quelle für die Frömmigkeit neben dem Schuldbewußtsein des Sünders und dem tremendum, dem paulinischen Furcht und Zittern vor der maiestas Domini, den Eros, das Langen nach Einung. Verwundert fragt er nach dem Grund für die Aufregung, die entsteht, wenn man von der erotischen Wurzel der

[12] Vgl. Katholisch-Protestantisch, BSB Ana 383, U 43, S. 10.

[13] Ebd., S. 11.

Frömmigkeit spreche[14]. Der Eros wird, wie der Intellekt auch, von seinem Gegenstand geformt, ja er ist in seinem Akt eins mit seinem Gegenstand. Hier ist wieder der Ort, auf das Zwiemögliche im Eros hinzuweisen: Die Libido ist fähig der Sublimierung - für diese Zeit ist es keinesfalls üblich, daß ein Theologe mit Freud'schen Denkvorgaben arbeitet - der Wandlung aufwärts, die nur aus Freiheit gelingen kann, aus der Freiheit des wirklich Opfernden. Bernhart vergißt auch nicht, den Blick auf die Kehrseite der Medaille zu richten: "*Wie anders freilich verhält sich's mit einer Frömmigkeit, die man nicht zu Unrecht versetzte Sexualität genannt hat! Die Armen in diesem Notstand hungern nach unten und werden von oben nicht satt.*"[15]

Eros und Thanatos durchziehen als ein bleibendes Paar die Geschichte der Kunst und des Denkens. Dennoch läßt sich folgendes Urteil nicht völlig von der Hand weisen: "*Das Christentum, das den Eros verfemte und den Tod als repressive Drohung einsetzte, brachte kein einziges Drama von Rang hervor. Erst im Zuge des Niedergangs dieser veritabel lebensfeindlichen Religion kam das Erotische in Kunst und Philosophie wieder zur Geltung.*"[16] Das Reden über Eros und Thanatos ist nach Irion vor allem im Bereich des vom Mythos geprägten Denkens passiert. Gerade auch bei Platon stehe der Eros außerhalb der Ideenlehre, sei quasi ein Nachhall mythi-

---

[14] Tagebuch, Bemerkung 556 vom 18. März 1947, S. 225: "Sonst allerdings ist vieles eben Eros in der Religion, und es braucht sich nicht zu schämen."

[15] Ebd.

[16] Irion, Ulrich, Eros und Thanatos in der Moderne. Nietzsche und Freud als Vollender eines anti-christlichen Grundzugs im europäischen Denken, Würzburg 1992, S. 40.

schen Denkens[17]. Platon habe das Verhältnis von Leben und Tod metaphysisch umgekehrt, indem bei ihm der Tod zum Erlöser von der Beschränktheit des Lebens avanciert. So gehört zwar das Körperliche dem Bereich des Vergänglichen an, "*Platon stand jedoch der traditionellen Religiosität noch nicht so fern, daß er in der menschlichen Begehrlichkeit ausschließlich ein widersacherisches Moment hätte sehen können. Diese Zwischenstellung drückt sich am stärksten in der überragenden Bedeutung aus, die ein halb mythischer Erosbegriff mit inhärenter Wertungspolarität in seiner Philosophie erhält.*"[18]

Eros bezeichnet in Platons Phaidros sowohl das Streben nach körperlicher Schönheit als auch das Streben nach dem Guten[19]. Letztes Ziel des Eros aber ist die Wahrheit, die Idee des Schönen. Weil der sinnliche Eros die Erinnerung an die Idee des Schönen anregen kann, ist er für Platon gerechtfertigt. Im Symposion ist der Eros in einer mythischen Erzählung die Frucht der Vereinigung der allegorischen Gestalten von Fülle und Mangel[20]. Der Eros ist ein Daimon, der Götter und Menschen verbindet[21]. In diesem Wechsel von my-

---

[17] Ebd., S. 40f. Irion sieht Platon wie Nietzsche als Zeugen und Diagnostiker eines religiösen Niederganges. Beide seien sie philosophische Überwinder einer religiösen und kulturellen Krise.

[18] Ebd., S. 37.

[19] Platon. Werke, Bd. V, hg. von Gunther Eigler, Darmstadt 1981.

[20] Symposion 203a - 205a, Werke, Bd. III, S. 316 - 323.

[21] Ebd., S. 315: "Denn alles Dämonische ist zwischen Gott und dem Sterblichen. - Und was für eine Verrichtung, sprach ich, hat es? - Zu verdolmetschen und zu überbringen den Göttern, was von den Menschen, und den Menschen, was von den Göttern kommt... In der Mitte zwischen beiden ist es also die Ergänzung, daß nun das Ganze in sich selbst verbunden ist."

thischen Erzählungen und philosophischen Erörterungen wird dem Eros der Platz zwischen den Göttern und den Menschen zugeschrieben. Eros, der Unbehauste, Bedürftige[22], stellt dem Schönen nach, verlangt, das Gute immer zu haben, glückselig zu sein[23]. Dort wird für den Menschen das Leben lebenswert, wo er das Schöne selbst schaut[24], wo er zur Idee der Vielzahl des Schönen durchgedrungen ist. In dieser Bestimmung Platons sieht Irion bereits eine Vorwegnahme des Nietzscheschen Denkens, daß alle Lust Ewigkeit wolle[25].

Das Eros - Thanatos - Problem in seiner ganzen Fülle hat im Gott Dionysos eine mythische Gestalt gefunden. "*Mensch und Natur (waren) durch die antike Religiosität zwar nicht realiter, aber zumindest kulturell verbunden, doch nicht erst das Christentum zerstörte diese relative Nähe mit seiner Diffamierung alles Körperlichen und Diesseitigen.*"[26] In diese Tendenz reiht Irion auch Platon ein[27]. Hingegen seien Heraklit und Empedokles mit ihren spezifischen Auffassungen der Polarität von Liebe und Haß auf die "*wir-*

---

[22] Ebd., S. 318.

[23] Ebd., S. 322.

[24] Ebd., S. 348 - 351.

[25] Irion, S. 39.

[26] Ebd., S. 34.

[27] "Die lebensverneinende metaphysische Grundtendenz, die mit der christlichen Welt- und Existenzauslegung ihren historisch verhängnisvollen Triumphzug antrat, war jedoch schon in der Antike vorgezeichnet gewesen: Anaxagoras' Privilegierung der Vernunft als des kosmischen Urprinzips, Parmenides' Abwertung sinnlicher Erkenntnis und Dogma vom Sein, Platons Ideenlehre und Aristoteles' Kategorien entfernten sich zunehmend von der Daseinsproblematik individueller Endlichkeit und leisteten so der Hypostase einer transzendenten Gegenwelt Vorschub." (S. 12)

kungsgeschichtliche Verliererseite" geraten[28]. Beiden rechnet Irion hoch an, daß sie weniger von den empirischen Gegebenheiten abstrahiert hätten.

Nach Irion konnte erst die Philosophie der frühen Moderne die moralische Pervertierung des Eros - Thanatos - Problems durchstoßen und wieder zum Konzept der Antike vordringen. Annäherungen seien bereits bei Fichte und Schelling passiert, dann habe Schopenhauer die Frage auf radikale Weise formuliert, die Antwort aber versöhnlich belassen. Bei Nietzsche spricht er von "*kühner Weiterentwicklung*", aber erst in der psychoanalytischen Triebtheorie Freuds konnten Eros und Thanatos kategorial bestimmt werden[29].

Beide, Nietzsche wie Freud, können zumindest teilweise in eine kulturkritische Richtung eingeordnet werden; damit sehen sie Mensch und Natur unmittelbarer zusammen. Die Affinität zu antiken Vorstellungen wundert also nicht.

Auch bei Bernhart ist ein Ernstnehmen bestimmter Anliegen der Kulturkritik festzustellen; er kommt zurück auf die Ursprünge und Grundlinien unserer Kultur. Aber er kann nicht mehr vor das Christusereignis zurück. Er geht den Weg von der antiken Kultur - unter kritischer Mitnahme ihres Erbes - hinein in ihre Erlösung durch das Christusereignis neu.

Der anthropologische Befund

Bernhart sieht den Eros als anthropologisches Faktum, dessen Vernachlässigung im Christentum sich gerächt habe.

Der Mensch ist als auf dem Horizont stehend in der Gefährlichkeit der Dämonie; er ist geschaffen in der Urpolarität: je zwei und zwei.

---

[28] Ebd., S. 12.

[29] Ebd., S. 14.

"*Schon zur Herrlichkeit des Urstandes in der Unschuld gehört der Eros, das Liebeslangen, in dem das Gezweite das Vollendungsglück der Einigung sucht.*"[30]

Versuchen wir mit Bernhart eine erste Eingrenzung: Eros ist der menschliche Drang nach Beseligung an Geschaffenem. "*Das Feld seiner Sehnsucht mag das All im ganzen sein, von dem er sich, ihm mystisch angeeinigt, seine letzte Glücksruhe erwartet, dieses oder jenes besondere Gut des Daseins, vor allem aber der geschlechtliche Zug von Person zu Person, er sucht die Stillung seiner geschöpflichen Not im Geschöpflichen selbst.*"[31] Der Mensch ist von diesem Drang befallen; das ist das Tychische, das Schicksalhafte des Eros. Der Eros will an dem einen Gut, das ihm die Welt bedeutet, den Grund seiner Seligkeit erschwingen. Hier aber muß der Mensch letztlich die Unmöglichkeit der Erfüllung seines Verlangens spüren. Der Eros schlägt eine Wunde der Schmerzseligkeit, er erweist sich als Schuldner, er, der erlösungsbedürftigste aller Erlöser. Das Christentum hat den Menschen auch für den geschlechtlichen Eros unendlich verfeinert, diesen aber moralisch entwertet, psychologisch entkräftet und religiös entheimatet, wie Bernhart bedauernd, anklagend unterstreicht[32].

Versuchen wir eine zweite Annäherung: Der Eros ist der Prototyp einer mystischen Bewegung, einer Bewegung, die nach Allbesitz drängt, "*die im Menschen mit dem Naturgrund des Vitalen zugleich die Scheitelhöhe seiner Wesenheit ergreift*"[33]. Der Eros und das

---

[30] Chaos und Dämonie, S. 51.

[31] Ebd., S. 53.

[32] Ebd., S. 55.

[33] Ebd., S. 56.

Ethos der Person sind gegenstrebig, so gelangt der Eros nie an sein Ziel, letztendlich ist er ein in den religiösen Bereich Verweisender. Eine dritte Einkreisung: "*Er nimmt schon von den je und je über sich langenden Kreisen der Schöpfung, der natürlichen Offenbarung Gottes, den Glauben ab, daß auch dem Liebeslangen des Menschen - Plato nannte es Eros, die mittelalterliche Christenheit sehnende Schwermut (desiderium inane) - eine weitere, höhere Form des Seins entsprechen müsse.*"[34] Der Eros ist eine Stiftung Gottes, von ihm heilt kein Sakrament.

Der Eros im Christentum

Das Evangelium verlangt Liebe, nicht Sympathie - die agape geht über die Natur hinaus; erst der eros thanatos, das dulce vulnus amoris, wird frei zur Empfängnis der agape. Wenn Bernhart auf die Faktizität blickt, spürt er schmerzlich die Heimatlosigkeit des Eros in christlicher Zeit. Auch in der Mystik und im Minnesang fühlte sich der Eros in der Fremde. Nun ist er doch und kann nicht streben. Wo soll er bleiben und wohnen unter Christen, fragt er weiter. Bernhart erhebt den Vorwurf, daß der Eros durch die Askese isoliert worden sei; die Folge sei dessen reine Verweltlichung gewesen. Die Natur wurde gegen die göttliche Wirklichkeit abgesetzt. Wenn die Moralität der Heiligkeit darin bestehe, die Affekte an den Galgen zu verurteilen, dann plädiere er lieber für den ungebrochenen Menschen als für den gebrochenen Heiligen, unterstreicht Bernhart.
Urtatsache der Schöpfung ist das Liebeslangen der Wesen nacheinander; dieses Faktum werde in der Theologie viel zu wenig beachtet. Christus kannte eine Liebeskraft, die den Eros noch übersteigt,

---

[34] Eros - Misericordia, in: Hochland 7 (1909) S. 129 - 138; BSB Ana 383, P 27, S. 136.

gleichzeitig aber hat er den Eros mit keinem Wort geschmäht. Wenn ihm also das Christentum Gift gegeben habe, so könne es sich damit nicht auf Christus berufen[35].

Zwei Konkretionen: a) **Eros und Priestertum**

An dieser Fragestellung zeigt sich nach Bernhart in gesteigertem Maße die Horizontstellung des Menschen. Im Licht der Offenbarung wird der Mensch als Christ durch die Ewigkeit in eine tiefere Bedrängnis versetzt. Wir wohnen Grenze an Grenze mit von Natur aus widerstreitlichen Ordnungen, das ist schöpfungsmäßiges Datum, unsere natürliche Lage ist durch die Erlösungsbotschaft nicht aufgehoben, sondern vielmehr unendlich verschärft worden. Diese Grundaussage gilt gerade für den in Spannung zwischen Eros und Priestertum gestellten Menschen. Es ist das 'confinium', das Bernhart mit Nietzsche als das "*gefährliche Leben*" bezeichnen möchte. "*Daran hatten die Heiligen zu tragen, und darin liegt auch die innere, wesentliche, nicht nur psychologisch akute Not des Priestertums.*"[36] Mit dem Zölibat ist - von der Übernatur her kommend - ein Ideal errichtet worden, ein "*fast übermenschliches Ideal*", die "*höchste himmelragende Spitze eines grandiosen Vertrauens auf die Übernatur*"[37]. Es ist ein Ideal, das nach Bernharts Verständnis aus dem Wesen der katholischen Kirche erwächst, eigentlich ein Abfallen vom Urchristentum, resultierend aus der Abnahme der inneren

---

[35] Vgl. dazu Tagebuch Bemerkung 556 vom 18. März 1947 und eine Eintragung vom 28. April 1947, S. 229.

[36] Tagebuch, 28. April 1947, S. 229.

[37] Erinnerungen, S. 434.

Lebenskraft, die mit Konsequenz die Forderung an die ausübenden Kräfte immer höher spannte und schließlich überspannte[38]. Es ist ein Ideal, das viel Lebensmut, sittlichen Idealismus und religiöse Arbeit der Priester an den Menschen erstickt oder geschwächt hat, ein Ideal, an dem Bernhart aber mit keinem Finger rütteln will[39]. Er fordert nur, daß die, die diesem Ideal nicht gewachsen sind, in Ehren gehen dürfen[40].

b) **Eros und Ehe**

Bernhart betont vor allem den aeternalen und sakramentalen Charakter der Ehe. Es geht letztlich auch in der Ehe nicht ohne das Überlieben des Eros, ohne die Erhebung des Geschlechtlichen über den dumpfen Trieb der Natur. "*Erhöht sich die geschlechtliche Gemeinschaft zu der caritas, deren Symbol sie ist, bleibt über der Spannung der Geschlechts-Naturen als höheres Drittes wirksam der heilige Gott-Geist, in welchem Mann wie Frau mit ihrem Gemeinsam-Ewigen gründen, so ist ein solcher Treubund der Gatten unter sich und auch der Gottheit gegenüber nicht weniger als der jungfräuliche Stand Charisma.*"[41] Daß Mann und Frau ein Fleisch werden, ist ein ebenso großes Geheimnis wie der Liebestausch zwischen Christus und seiner Gemeinde. Bernharts Auffassung der Ehe ist geprägt vom dialogischen Prinzip, vom Übereinkommen im Dritten;

---

[38] Ebd.

[39] Vorbemerkung zu den Erinnerungen, S. 11: "... im übrigen habe ich das Gesetz des ehelosen Priesters nie ... angetastet, nur die Praxis der Exkommunikation und gesellschaftlichen Diffamierung der sich verehelichenden Priester."

[40] Erinnerungen, S. 434.

[41] De profundis, S. 99f.

die beiden sind Glieder des dritten Einen[42]. Die Ehe ist als Physis, Eros und Ethos zu betrachten. Der Tausch des Leiblichen verpflichtet zur Mitleidenschaft und Mitfreudenschaft auch im seelischen Bereich, es ist genau die Vorstellung des platonischen Eros, auf die Bernhart hier wieder zurückgreift. Der Drang, die Begierde zu verewigen, führt zu einem Wandel des Eros auf dem Weg zum ewigen Sinn der Begierde: vom amor zum amor caritatis.
Der Sakramentscharakter der Ehe, der Begriff des Heiligen deutet auf eine letzte, unverbrüchliche Geltung des Sittlichen[43]. Die sakramentale Ehe hat Religion in sich, sie ist urvorbildlicher Quell sakrosankten Wesens überhaupt; Bernhart nennt sie Tochter und Mutter der Religion[44].
Die Ehe ist Abbild des Verhältnisses Gott - Kirche, nicht umgekehrt, sie ist Abbild der dauernden Fleischwerdung Christi in seiner Kirche.

3. Der sakramentale Aspekt

Sowohl das Streben nach der sittlichen Vollkommenheit als auch der Kultus wollen die Hingabe an den Willen Gottes zur Mitarbeit, zur Mitscheidung mit Gott erreichen und zum Ausdruck bringen. Es ist nach Bernhart die ganze Hingabe aus dem Herzen, die ganze Hingabe des Herzens verlangt, damit der Christ beitragen kann zur Wirklichung des Reiches Gottes, das Angebot der Lebensfülle an die

---

[42] Ebd., S. 113.

[43] Vgl. ebd., S. 135.

[44] Vgl. ebd., S. 152.

Welt machen kann, die Welt quasi als Ur-Kunde Gottes aufscheinen lassen kann. Denn mit diesem Weltbegriff wendet sich die Kirche an die Welt, sie repräsentiert die Grundverfassung des Kosmos, sie ist Bau, Leib und Braut, und als letzte in einen ursakramentalen Bezug gestellt, ja die Kirche ist das Ursakrament. Im Kontext dieser Bildtrias steht das Detailbild der Kirche als Leib Christi, der sich aufbaut aus den Gläubigen als seinen Gliedern.

Die irdische Kirche fungiert als Organ der Vermittlung des eigentlichen, des ewigkeitlichen Lebens an Mensch und Kosmos. Sie empfängt dieses Leben von oben und teilt es mit, leitet es weiter ins natürliche Weltsein. "*Sie darf sich also weder nach oben noch nach unten verschließen. Sie ist Kirche nicht von dieser Welt, aber für diese Welt in dieser Welt und kann als geschöpfliches Lebewesen nicht den Gesetzen des natürlichen und geschichtlichen Daseins entrinnen.*"[45]

Es ist die Vermittlung der Lebensfülle, die die ganze Schöpfung bestätigt, die aufzeigt, daß allem das Ja gesprochen ist, die offenbart, daß die Dinge nicht nur das sind, was sie an und für sich sind, sondern daß sie zutiefst Zeichen sind dessen, der ihnen das Leben zugesprochen hat. So spricht Bernhart von einer Disposition der Dinge zum Sakrament, zur Trägerschaft für die Erweise der Übernatur. Die Kirche ist Zurückleitung des Kosmos an den Logos; in dieser Hingabe liegt das höchste Wesensmal der Kirche, dort gibt sie die höchste Stufe ihrer kosmischen Repräsentation zu erkennen[46].

---

[45] Kosmos und Hierarchie, S. 18.

[46] "Zutiefst in ihrem Wesen ist die Kirche selbst Sakrament, Ausdruck des Ursakramentes, Verbum caro factum. Sie ist die sichtbare unsichtbare Darbringung, Zurückleitung des Kosmos an den Logos, in dem er gründet, und diese Idee der Heimführung der Dinge zu Gott bestimmt das ganze große Tedeum ihres Kultes." (Kosmos und Hierarchie, S. 19.)

Sie drückt sich aus in der Rede von der Liebesgemeinschaft der Kirche mit Christus. Bernhart will diese Rede nicht in dem Sinn verstanden wissen, daß wir ein Bild aus unserem Erleben auf das Verhältnis Kirche-Christus übertragen, daß wir also poetisch ausdrückend würden, denn das hieße in seinen Augen die Bildlichkeit der Bibelsprache im Grunde mißverstehen. Nein, es ist aus der umgekehrten Richtung zu lesen, die Gleichnishaftigkeit der Welt ist in ihrem vollen Ernst zu nehmen.

Die Kirche pflanzt jene höchste Lebendigkeit fort, die ihr durch Lehre, Leben und Leiden ihres Herrn offenbar gemacht wurde. Diese Lebendigkeit nimmt die Geschichte in Angriff.

"*Seit Golgatha und Auferstehung ist neue Lebenssetzung. Ihr aktives, männliches Prinzip ist der Logos Christus, ihr empfangendes ist die Kirche - wahrhaftig darum 'Mutter Kirche'.*"[47] Die Kirche, um Bernharts Diktion zu verwenden, als das Braut-Weib des Lammes. Mit diesem Ausdruck in der Apokalypse sei das Tiefste über die Kirche gesagt: sie ist erwählt und berufen zur innigsten Gemeinschaft und zur ebenbürtigen Vollkommenheit mit dem Lamme. Das Lamm aber ist jenes ohne Fehl und Makel, das, ehvor der Grund zur Welt gelegt war, zur Schlachtung ausersehen war. Die Makellosigkeit ist der Kirche vorangedacht, sie verbleibt als ihr unverletzliches Wesensteil auch in der geschichtlichen Befleckung. "*Denn die Kirche der Zeitlichkeit hat ihren schärfsten Richter an der Kirche, die von je die Braut des Lammes ist.*"[48]

Die Kirche in der Geschichtlichkeit steht in der Kompassion mit dem Lamme, denn das Böse ist durch Golgatha nicht aufgehoben. Das Zeichen der Kirche ist das Kreuz, das Zeichen des ganzen

[47] Kosmos und Hierarchie, S. 21.

[48] Ebd.

leidenden Kosmos, in den Christus leidend eingegangen ist. Die Auferstehung ist der Erweis, daß das Leid nicht das letzte Wort an und über Geschichte und Kosmos ist[49].
Die Braut des Lammes hat als Aufgabe, als Testament die acht Seligpreisungen auf den Menschen, "*der so oder so erst als Bettler im Geiste über sich hinaus zu seiner gottgedachten Größe wachsen kann*"[50].

Exemplarische Vollstrecker dieses Testamentes sind die **Heiligen**, jene generatio, die das Angesicht Gottes sucht, die aus Gottes Gnadenkraft dafür sorgt, daß die Geschichte immer wieder zu dem Bewußtsein erregt wird, daß sie nicht nur Geschichte vom Menschen her, sondern wesentlich Geschichte Gottes mit dem Menschen ist - die Heiligen als jener Stachel, der auf das Eigentliche weist.
Im Zusammenwirken von göttlichem und menschlichem Willen zeigt sich eine erregende Situation: es ist eine frohe Freiheit, weil vom Gott des Heiles etwas vom Menschen gewollt ist; es ist eine zitternde Freiheit, weil es am Menschen liegt, mitzuwirken, mitzuwollen, damit Gottes Wirken sich erfüllt. Diese erregende Situation wird gesteigert sichtbar in den Propheten und Heiligen des Alten wie des Neuen Bundes. Bernhart bezeichnet sie als schlechthin dämonische Naturen mit einer ungeheuren Triebgewalt über das gesamte Menschenwesen - von einer vorsittlichen Betrachtungsweise her gesehen - geladen, aus der Gutes wie Schlechtes entspringen kann. "... *die urgegensätzliche Geladenheit vom Charakter des 'sacrum', eine heilig-verflucht nach oben und unten gespannte Vermöglichkeit. In solchen Naturen ist die gewaltige Kontrapunktik der Schöpfung*

[49] Ebd., S. 23.

[50] Kosmos und Hierarchie, S. 22.

überhaupt im menschlichen Abriß gesammelt und inbegrifflich für alle Geschichte vor Augen."[51] Die Kirche als Kirche des Ganzen fängt alle diese Kräfte auf und faßt sie in Ufer.

"*Das allen Gemeinsame ist die unheimliche Anfälligkeit des Willenslebens aus den irrationalen Impulsen der Persönlichkeit; allen gemeinsam die Entladung der Energien aus einer Selbstgewißheit, die keine Verrechnung kennt mit Gegenansprüchen des geschichtlichen Ganzen, weil Gott selbst als der Wollende und Tuende dessen empfunden wird, was sie, die Vollstrecker, wollen und tun.*"[52]

Alle erkennen sie die stündliche Wirklichkeit als Gelegenheit des Reiches Gottes und ergreifen diesen kairos und unterwerfen die Geschichte den Maßen der Ewigkeit. Sie bewältigen jede Situation als Stoff ihrer transzendentalen Lebensform[53].

Die kleine Schar, von der das Evangelium spricht, sie lebt aus der Zuversicht, nicht zu dieser Welt zu gehören. Die letztliche Aufgabe der Heiligen ist, den Menschen in seiner Ganzheit nach der im Evangelium hervorscheinenden Form zu gestalten[54], hinzuführen zu

---

[51] Chaos und Dämonie, S. 163.

[52] Das Dämonische in der Geschichte, S. 398.

[53] Die Antwort der Weltreligionen auf die Fragen unserer Zeit, BSB Ana 383, U 30, S.9. - Er fügt dort auch hinzu, daß der extreme Fall des Heiligen auch für die Kirche nicht die Norm abgeben könne, nach der sich die wünschenswerte Gestaltung der Lebensbedingung bestimmen läßt.

[54] Das kann sehr vielfältig sein. Der phänomenologische Blick weist auf, daß der historische Reichtum die Suche nach dem Zentralen fordert: "Christus, der Herr, als der Eine, der sie alle ruft und bewegt, sich ihnen gibt und sie erfüllt." (Das Stehen des Heiligen in der Geschichte, S. 16) Dies ist zu sehen in dem Kontext, daß Christus alle Geschichte mit seinem Anspruch belegt, Geschichte zu Gott hin, zu dem göttlichen Endsinn aller Geschichte, das Reich Gottes, zu sein. Hier spricht Bernhart den Reichtum an, mit dem das Reich Gottes in den Offenbarungsschriften geschildert wird, was in der Folge einen Reichtum an christlicher Existenzverwirklichung mit

Christus, der den Menschen um den Frieden eines rein human gestillten Daseins gebracht hat. Der Augenblick, der kairos, ist für niemanden bewegender als für den christlichen Heiligen, denn die Dimension Ewigkeit qualifiziert die Geschichte als durch und durch eschatologisch, da durch sie die Geschichte, das eigentümliche Reich des menschlichen Handelns, in jedem Augenblick vor den Endsinn aller geschöpflichen Wirklichkeit gefordert wird[55].

Sind die Heiligen bisher meist als erbauende Vorbilder des Tugendstrebens gesehen und dargestellt worden, so will Bernhart bewußt ihren Charakter als Werkzeuge der Heilsgeschichte herausarbeiten, als Werkzeuge von oft tiefer persönlicher Tragik[56]: Heilige geben wertvolle Aufschlüsse über die Begegnung des Menschen mit Gnade und Übernatur. Bernhart fordert eine eigene Anthropologie der Heiligkeit - und liefert sie auch in Ansätzen in dem in den letzten Kriegsjahren entstandenen Fragment "Das Stehen des Heiligen in der Geschichte" und in seinem Essay "Heiligkeit und Krankheit" -, die die Heiligen als Organe der fortgehenden Einführung in die Wahrheit im Sinne des vierten Evangeliums erweisen würde. Sie erschließen die Offenbarung, sind revelatio revelationis.

Gleichzeitig ist der Heilige ein Ärgernis, das hereinstößt in die Geschichte. Der Heilige, der das Menschenbild retten will, wie es gemeint ist von seinem Schöpfer, er ist heilig von Christus her und auf Christus hin. Wie steht es dann damit, daß die Heiligen oft zu brüchigen Naturen werden, die von Grund auf schief gebaut schei-

---

sich bringt.

[55] Was immer in der Geschichte fortgeht, ist die Einführung in alle Wahrheit und die Überführung der Völker von der Wahrheit Christi durch den Heiligen Geist; dazu Politische Geschichte und Heilsgeschichte, S. 5.

[56] Politische Geschichte und Heilsgeschichte, S. 6.

nen? Als Bürger einer anderen Welt in dieser Welt sind sie auf das Jenseits orientiert, und deshalb läßt sich mit ihnen hier kein Staat machen; vor lauter Sorge um ihr Ewiges sind diejenigen unbrauchbar für die Zeitlichkeit, die sich dem inneren Beruf der Geschichte, nämlich dem Reich Gottes, verschreiben[57]. Als bestimmende Geschichtskraft bedarf der Heilige eines starken Individuums, eines ausgeprägten Individualseins, das sich auf sich selbst isolieren muß: innerlich in die Wüste gehen, um auf die führende Stimme zu hören. Es entsteht eine geräumige Existenz, in die hinein oft auch die Fülle des Schweren gezogen wird.

Es gibt einen Heilssinn sowohl des physischen als auch des moralischen Übels.[58] Energien hängen aufs engste zusammen mit Asthenien, Hysterien oder sonstwelchen Defekten der leib-seelischen Konstitution. Der Heilige, der mit seinem wie auch immer gearteten revolutionären Grundwesen in der Enge oder Weite seiner geschichtlichen Umwelt nur schwer erträglich ist, ist ein verdächtig ausgestatteter Sohn der Natur; es gibt wohl kein friedsames Bild von

---

[57] Das Stehen des Heiligen in der Geschichte, S. 10f. - Die krankhaften Gewächse aus einer weltlos gewordenen Monotonie des Geistlichen sind abzulehnen, denn durch die Geschichte der christlichen Frömmigkeit zieht sich nach Bernhart Schlimmeres noch als Neurose und Hysterie. Er gebraucht Begriffe wie Unnatur, verirrtes Triebleben und widerliche Exzesse der Sucht nach Gott (Heiligkeit und Krankheit, S. 260). Bernhart fragt freilich auch, ob es nicht die Möglichkeit gibt, daß gerade das, was wir als krank bezeichnen, von der Übernatur her das Gesunde sein kann, so daß die Leiblichkeit für unsere Augen zwar unter der inneren Überfülle Schaden nimmt, aber in der Ganzheit von der Natur durchformte Übernatur wird. Die letzte Tiefe der Krankheit liegt in dem Weinen vor dem Herrn: es ist die stumme Klage, daß der Mensch nicht hinreicht, um auch nur ein Mensch zu sein. Die Natur ist von Haus aus eine Bedrohung des sittlichen Menschen, der teils ihr gehört, teils als Wesen anderer Ordnung sie überragt, eine fremde, ja feindliche Macht in ihr erkennt. Wenn der Mensch sein Selbst gewinnen will, geht es nicht ohne den sittlichen Kampf mit der Natur ab, den die Religion zum geistlichen Kampf steigert. (Heiligkeit und Krankheit, S. 291)

[58] Das Stehen des Heiligen in der Geschichte, S. 10.

einem Stehen in der Geschichte.

Um das Verhältnis des einzelnen Menschen zur Kirche zu beleuchten, muß neben dem Heiligen die Aufmerksamkeit auf den **mystischen Menschen** gelegt werden.

Bernharts Ausführungen zur Mystik hängen eng mit seiner Weltsicht der Tragik zusammen. Es gehört zur Dialektik der Mystik, daß sie einerseits das Aufgehen des Einzelnen im Einen meint, andererseits aber jede Mystik dem Menschen zum Menschen, zu seinem normalerweise verschütteten Selbst verhelfen will.

1909 hatte Bernhart mit einer Arbeit zum Thema "Bernhardische und Eckhartische Mystik in ihren Beziehungen und Gegensätzen. Eine dogmengeschichtliche Untersuchung" promoviert. Er blieb beim Thema, wenn er für den Kösel-Verlag zu der Auswahl "Deutsche Mystiker" eine Eckhart-Auswahl beisteuerte[59]. Bernhart wollte damit Eckhart mehr gerecht werden als die voraufgegangenen Sammlungen. Er wollte seinen Beitrag leisten zu der Streitfrage, ob Eckhart katholisch oder pantheistisch einzuordnen sei. Auf die Reklamierung Eckharts für ein "deutsches Christentum" fühlte sich Bernhart geradezu zur Erwiderung herausgefordert. Aus einem Vortrag über Meister Eckhart und Nietzsche wurde 1935 ein kleines Büchlein, in denen er den Beginner und den Vollender eines Schicksals zusammensah. Mahnend hielt er fest: "*Der Weg von Eckhart zu Nietzsche ist eine prophetische Mahnung an unsere aufgewühlte deutsche Gegenwart.*"[60] Vehement nahm er sowohl Eckhart als auch Nietzsche vor der Inanspruchnahme durch den Nationalsozia-

[59] Deutsche Mystiker, Bd. 3, Meister Eckhart, Kempten und München 1914.

[60] Meister Eckhart und Nietzsche, S. 53.

lismus in Schutz: "*Das Gefährliche an solchen Geistern ist lange nicht so gefährlich als die Moral des bequemen Lebens und all die feigen Maximen, die imstande sind, aus einem Volk Pöbel zu machen.*"[61]
1922 war in der Reihe 'Geschichte der Philosophie in Einzeldarstellungen' Bernharts "Die philosophische Mystik des Mittelalters. Von ihren antiken Ursprüngen bis zur Renaissance" erschienen.
Noch einmal versucht er eine Gesamtschau, wenn er während des Zweiten Weltkrieges an dem Fragment "Der mystische Mensch"[62] arbeitet und knappe zehn Jahre später das schmale Bändchen mit dem Titel "Das Mystische"[63] vorlegt.
In den Erinnerungen spricht er vom Wunsch, eine Zeitschrift mystischen Inhalts herauszugeben; er wollte ihr den Titel "Der Cherubinische Wandersmann" zuschreiben[64]. Die Wahl begründet er damit, daß der gegenreformatorische Mystiker trotz seiner Geistesverwandtschaft zu Eckhart der römischen Zensur entgangen sei und "*daß der monistischen Konfusion, die allerwärts um sich griff, mit einer dogmatisch gesicherten Mystik von der Art des Schlesiers beizukommen wäre*". Bernhart erinnert an dieser Stelle auch daran, wieviel der Protestantismus dem "*mystischen Einfluß vergangener Zeit*" zu verdanken habe.
War der Fortschrittsoptimismus bereits um die Jahrhundertwende bei einigen in Frage gestellt worden, so kam er durch den Ersten Weltkrieg radikal ins Wanken. Die Kulturkritiker wiesen hin auf die

---

[61] Ebd., S. 56.

[62] BSB Ana 383, U 65.

[63] Frankfurt 1953.

[64] Erinnerungen, S. 550.

Gefahren für die menschliche Persönlichkeit, für die Menschenwürde und das Heil der Seele.

"*Das Interesse breiter Volksschichten für die Mystik, das im Ersten Weltkrieg langsam begann und dann stetig wuchs, war aber in verschiedenen Bereichen des allgemeinen Geisteslebens längst vorbereitet worden, dort geboren aus der Krisenstimmung, die ihren Ausdruck in der Kritik an den bestehenden Einrichtungen fand und die Krisenstimmung der Kriegs- und Nachkriegszeit vorwegnahm.*"[65]

Die Krisenstimmung ist die Absage an das 19. Jahrhundert gewesen, in gewissem Sinne eine Absage an die Reaktion, ein Infragestellen des Sinnverkehrungsarguments: die im Gefolge der Aufklärung revolutionierenden politischen und gesellschaftlichen Ereignisse sind genau das, was die Vorsehung nicht wollte[66].

Die Mystik gerät zum Aufschrei aus dem Kampf der Seele um ihre Freiheit, aus dem Kampf des Menschen gegen die Maschine und gegen die Masse. Maaß weist hin auf den Zusammenhang zwischen dem Subjektivismus der impressionistischen und expressionistischen Literatur und Kunst und dem Aufblühen der Mystik[67], ebenso auf die Affinität der Lebensphilosophie zu mystischen Strömungen.

"*Die Nachkriegszeit hat sich immer mehr als eine Zeit tiefer seelischer Aufrüttelung herausgestellt. Während früher Religiosität (wenigstens soweit sich das im literarischen Ausdruck feststellen läßt) nur das Thema eines schlichten Erfüllens des Willens Gottes*

---

[65] Maaß, Fritz-Dieter, Mystik im Gespräch. Materialien zur Mystik-Diskussion in der katholischen und evangelischen Theologie Deutschlands nach dem Ersten Weltkrieg, Würzburg 1972.

[66] Auch de Maistre darf als Vertreter dieser Argumentation gesehen werden.

[67] Maaß, Mystik im Gespräch, S. 35.

im gewöhnlichen Alltag abwandelte, tun sich nun alle ihre vielgestaltigen und geheimen Kammern auf. Wir haben eine mystische Bewegung..."[68]

Überall dort, wo man von Bernhart die Klärung des Begriffes des Mystischen erwarten würde, erhält man den Bescheid, daß es damit sich verhalte wie mit der geschwätzigen Nymphe Echo; er verweist auf die Vielfalt dessen, was diesem Begriff zugeschrieben wird[69], was schließlich dessen Definition unmöglich mache. Dennoch versucht er, sich um eine Klärung zu bemühen, gemeinsame Linien aufzuzeigen.

Er sieht den Mystiker als den Menschen, der in seinem Verhalten zu Sein und Dasein sein eigenes Eigentlichstes mit dem Eigentlichen überhaupt zu verbinden sucht, in innigste Fühlung zu kommen verstrebt, es in Einung zu bringen trachtet[70].

Dieses Heraustreten aus dem alltäglichen Dasein überschreitet die normale Wahrnehmungsebene, verläßt aber nicht die Würdigkeit dieser Welt. Breit schildert Bernhart einen Bericht eines mystischen Erlebnisses, einer intensiven Erfahrung der Landschaft, der Menschen, die den Erzähler auf einer Zugfahrt umgaben. Er bezeichnet die Kraft dieses Erlebnisses als die Fähigkeit, die unbegreiflich vergeistigte Selbstmitteilung der Dinge aufzufassen[71]. Die Gegenwart verliert in diesem Augenblick die gewöhnliche Bedeutung des Herausragenden; es geht um das Erspüren einer Liebe, die das Erbärmliche von oben her begreift, es ist eine Ahnung des verklärten

---

[68] Przywara, Erich, in: Stimmen der Zeit 104 (1923) S. 445.

[69] Der mystische Mensch, BSB Ana 383, U 65, S. 1.

[70] Vgl. ebd. und Das Mystische, Frankfurt 1953, S. 8.

[71] Der mystische Mensch, S. 3.

Daseins.
Es muß uns also bei dem Bemühen um die Klärung dessen, was in Mystik einzufassen ist, um den Menschen, um den mystischen Menschen gehen.
Seine Persönlichkeit greift ins Mannigfaltige des geschichtlichen Daseins, prägt es und wird von ihm geprägt. Das Ich ge-wahrt sich letztlich nur an widerfahrenden, an gegenüberstehenden Inhalten. Es hat sich nur an etwas, das es hat. Darin liegt die geheime innerste Seinsnot, in die wir alle, am tiefsten der Mystiker, geworfen sind. Gerade die Mystik ist auf dem Hintergrund der Scheidung, der Geschiedenheit und der Verbindung und Verbundenheit der Dinge zu sehen. Im Griff nach dem Eigentlichsten erfährt der mystische Mensch schmerzlich, daß es jenseits seiner selbst liegt, d.h. der Mensch erfährt sich als gesonderter und verwiesener[72]. Der Mystiker ist demnach ein homo religiosus oder, man kann diese Aussage auch umkehren, der homo religiosus zuletzt ein Mystiker[73].
"*Die Transzendenz unseres Ichpunktes, die wir als solche nicht nur erkennen, sondern erkennend zugleich als Stachel zur Überschwingung der Kluft, die uns von uns selber scheidet, erfahren.*"[74]
Nach dieser allgemeinsten mystischen Erfahrung, die Bernhart in die Ebene legt, auf der jeder Mensch die ihm entsprechenden Erfahrungen machen kann, nämlich indem er etwas erkennt und erst in diesem Erkennen sein Ich erfährt, kommt er auf den Bereich des Unbe-

---

[72] Vgl. ebd., S. 5 - 8.

[73] "Das Mystische geht dem Religiösen voraus und zugleich gipfelt die Religion im Mystischen, in der innigsten Verbindung mit dem höchsten religiösen Gut. Geschichtlich steht das Nebeneinander von Mystik und Religion im Spannungsverhältnis." (Das Mystische, S. 10f.)

[74] Der mystische Mensch, S. 10.

kannten. Er spricht vom taghellen Teil des Menschenwesens[75], über dem aber eine heimliche Herrschaft stehe: "*Nichts ruft und zieht so mächtig wie das Unbekannte, von dem wir Kunde haben, daß es nicht nicht ist.*"[76] Die Mystik zieht den Menschen vom Bekannten weg in die Sicherheit des Unbekannten, letztlich vom Ich zum Selbst. "*Unsere Selbstbesinnung, die naive, wie die philosophische und religiöse, rührt notwendig an den Quellpunkt der persönlichen Existenz, und auf ihn verlegt der mystische Mensch seine tiefsten Gedanken, seine wachste Sorge und die gesammelte Fülle seiner Kräfte überhaupt.*"[77]

Damit ist Bernhart beim Mystikon des Innern. Es ist ein Anspruch, den das innere Jenseits des Menschen auf sein bewußtes Diesseits erhebt. Diese Kraft kann motiviert und gefüllt sein durch eine Gläubigkeit, die ihren Inhalt und ihre Gestalt von einer Religion bestimmen läßt.

Die Fühlungnahme des Eigentlichen im Menschen mit dem Eigentlichen überhaupt geht auf drei Wegen, der Intuition, dem Gewissensentscheid und - von außen kommend, freilich nicht ohne vorausgehende Bereitung - der unio.

Die **Intuition** ist sowohl freier Akt des Insichschauens als auch eine Empfängnis. Die Intuition ist der Ort, an dem sich die beiden Ordnungen, natürliche und übernatürliche, zeitliche und ewige, berühren, besser: sie ist das Ereignis der Berührung der beiden, der grelle Aufschluß von Wahrheit, ein hereinschlagender Funke[78]. In diesem

---

[75] Ebd., S. 11.

[76] Ebd., S. 12.

[77] Ebd.

[78] Der mystische Mensch, S. 14f.

Aufschluß von Wahrheit geschieht ein diesseitiges Erblicken unseres jenseitigen Erblicktseins. Die Intuition ist also nicht ein Denken über Leben und Wahrheit, "*sondern ursprüngliche Wirke der beiden selbst und in Einem*"[79].

Das Internum aeternum siedelt Bernhart an diesem Ort an: im Zurückgehen auf sich selbst trifft der Mensch ein jenseits seiner selbst an[80].

Der Mensch, der im Grenzgebiet steht, an dem sich Endlich und Unendlich durchdringen, Zeit und Ewigkeit begegnen, er strebt ins mehr und mehr, er erfährt Heil und Not von Schränkung und Entschränkung. Dem Streben nach mehr und mehr steht der Drang zur Gestaltlichkeit, die nur in Form und Umriß, also mit Grenze, zu haben ist, entgegen. Es braucht die Grenze und den Widerstoß gegen die Grenze, deren Überschreitung.

Wie Erkennen, Werten und Lieben faktisch verschränkt sind, ja sie auf ein jenseitig einziges Prinzip zurückgreifen, so tritt neben die Intuition das **Daimonion.** Kurz gefaßt spricht Bernhart von der dauernden Gegenwart eines kritischen Vorganges, in dem eine verborgene Urhabe bezüglich Wahr und Falsch, ein angeborenes richterliches Prinzip sich meldet[81]. Die Ursätze für Denken und Handeln sind in uns in einem und demselben 'Punkt' vergründet.

Das Leuchten des sittlichen Gutes im Gewissensspruch, aus dem Heiligtum unseres Seelengrundes, erschreckt uns und ist uns zu-

---

[79] Ebd., S. 15.

[80] Ebd., S. 19: "Was immer gesucht und nach dem Zeugnis unzählbarer Mystiker auch erlangt wird, ist das Es-Selbst. Dieses höchste Sehnsuchts- und Erlebnisgut kann die Gegebenheiten geschichtlicher Religion sowohl verdrängen als mit ihnen, wie etwa mit dem Verbum, dem Logos Christus, sich vereinen."

[81] Ebd., S. 22.

gleich ein zu erstrebendes[82].

Für den mystischen Menschen erscheint die **unio** mit dem Drüben als ein Ding der Unmöglichkeit. Die Fühlung des Innern mit dem Außerhalb aber ist der alles bewegende Endsinn. "*Viel eigentlicher als in einem dreisten Gleich und Gleich liegt die Nähe des Letzten in dem Abstand der Ehrfurcht, weil hierin das stärkere Gefühl der Beziehung die tiefere Region des Inneren erregt.*"[83] Nämlich dann, wenn es den Vorgang hervorruft, daß das Ich meines Daseins die Grenze öffnet für das Selbst meines Seins. Dieser Vorgang - gefordert wird er in dem 'Werde, was du bist' - ist aktiv und passiv zugleich; das zeigte sich bereits am Dual von Intuition und Daimonion. Es ist das Hereinwirksame, das auf den Menschen zukommt; es verliert überall dort seinen allgemeinsten Namen "Es", wo der religiöse Glaube für den Grund des Seins einen bestimmten Namen einzusetzen hat. Dem desiderium naturale genügt keine weltliche Antwort, kein Weltempfang; der gemeinsame Naturgrund der unio ist das Unendlichkeitsfähige des Menschen[84].

Der Zusammenhang von Mystik und Eros wird hier deutlich; es

---

[82] Ebd., S. 24: "In dieser Empfängnis (e. A. der Weisung des Gewissensspruches) erfährt das freie Ich ein abermals widerspruchsvolles Verhältnis von Nähe und Distanz: denn der Spruch fällt im Ich für das Ich, aber er kommt von drüben wie etwas Fremdes, als Stimme, die nicht mein Echo ist, als Anruf einer Macht von unbedingtem Selbstand, die gleichsam über die Mauer zu erwidern ich die Freiheit, aber zu greifen und zum Schweigen zu bringen nicht die Möglichkeit habe."

[83] Ebd., S. 25. Hier kommt zum Ausdruck, daß der Aspekt der Ehrfurcht für Bernhart sowohl im Bereich der Beziehung des Menschen zur Natur, zum Mitmenschen, vor allem aber im Bereich seiner Beziehung zu Gott, im religiösen Rahmen, große Bedeutung hat. "Denn der mystische Mensch treibt nicht etwelchen Existentialismus, er schauert und verstummt, zwischen den beiden Abgründen des Unendlichen und des Nichts, wo er Gott und sich in Ehrfurcht erträgt." (Das Mystische, S. 15)

[84] Der mystische Mensch, S. 27.

zeigt sich die Kraft des Trachtens nach Selbstüberschreitung: der Eros als Daimon, der hinauf- und hinabgerissen wird in die Selbstüberschreitung nach oben und unten, erhält seine Richtung nach oben. Kein Zufall ist es für Bernhart, daß die Mystiker auf die erotische Sprache verfallen. "*Unabsehbar der Reichtum an Erkenntnis, der in dieser Provinz des Menschseins sich auftut.*"[85]

Unser Antlitz, das als etwas Abbildliches aufgefaßt wird, treibt uns dahin, nach dem Vorbild zu suchen. Denn es ist wie beim Auge: das Blickende, das Erblickte und das Licht gehören zusammen.

Das Christusereignis, von dem im Neuen Testament berichtet wird, ist auf alle Geschichte und auf alles kosmische Geschehen bezogen; in diesem Umfeld konnte sich Mystik entwickeln.

Die mystische Neigung nach Gottes Angesicht darf nie den Damm zwischen Mensch und Gott überfluten. Denn der Mystiker lebt in der Gefahr des bloßen Selbstverkehrs im Seelengrunde, in der Gefahr, seine Frömmigkeit mehr zu lieben als den Herrn, seinen Gott. So muß auch die Frage nach der Mystik im Rahmen des Neuen Testamentes in der Dynamik der Gegensatzbewegung gesehen werden. "*Die Spannung liegt zwischen den Tatsachen, deren Mitte Jesus Christus ist, und dem zeitlosen Heil, das in ihm begründet ist und zum individuellen Besitz des Menschen werden soll, und dies aber nicht nur im sittlichen Anschluß an den Christus Jesus, sondern in der physischen Einung mit ihm als kosmischer Macht, ja den Kosmos in sich hegender Übermacht.*"[86] Das NT fordert nicht nur die Liebesethik, sondern die Zugehörigkeit zum Herrn, nach Bernhart auch eine Art Mystik. Das Mystische ist der Sinn und die Vollendung des Ethischen.

---

[85] Das Mystische, S. 14.

[86] Ebd., S. 29f.

Gerade das Stehen in der Kirche, die Eingehörigkeit in den Herrn in der endzeitlichen Reich-Gottes-Gemeinschaft ist eine Form der Mystik; in der Eucharistie wird durch die Lebenskraft der Christuswirklichkeit nicht nur eine moralische, sondern eine physische Einheit hergestellt[87].
Dieser Gedanke bringt eine der Hauptströmungen der Ekklesiologie der ersten Hälfte unseres Jahrhunderts zum Ausdruck; er muß bei Bernhart, wo er explizit nur an dieser einen Stelle erscheint, neben all den anderen Aussagen zur Bedeutung des Ethischen und des Kultischen gesehen werden[88]. Bernhart unterscheidet zwei hauptsächliche Verhaltensweisen des mystischen Menschen, nämlich die negative, die allem Weltsein sich entwinden will, die dem Existieren in Geschichte die kalte Schulter zeigt; die andere, die positive, die den Anschluß an ein positives Gut sucht, mit dem der Mystiker sich so innig verschmelzen möchte, daß er die letzte Seinserfüllung von ihm empfängt[89].
Auch in der christlichen Mystik will er zwei Lager unterschieden

---

[87] Ebd., S. 30.

[88] Es ist interessant, wie Bernhart die Ekklesiologie des Corpus Christi mysticum von Paulus her entwickelt: "...von der Vorstellung einer Gesamtpersönlichkeit, die aus Christus und seinen Getauften besteht. Dieser mystische Leib Christi ist kein Symbol, nicht Bild eines geistig-sittlichen Verbandes, sondern eine physische Größe von sakramentalem Grundcharakter. Darum besteht das Mystische nicht neben dem Alltag, sondern alles und jedes Denken und Tun des Menschen ist in die mystische Seinsweise einbezogen - so wie das kosmische Geschehen zusammenhängt mit den weltumgestaltenden Kräften, die in Jesu Sterben und Auferstehen vor den Augen der Geschichte erscheinen. Denn das von Anfang Unvergängliche tritt nach einem geheimnisvollen Quantengesetz aus dem Ozean des Vergänglichen stoßweise hervor, bis mit dem Ablauf der Weltzeit im messianischen Reiche die Metamorphose der Dinge ins Unvergängliche vollendet und Gott alles in allem ist." (Das Mystische, S. 32f.)

[89] Ebd., S. 35.

wissen, jene, die von Haus aus Mystiker sind, die das Christliche eben auf mystische Weise ergreifen, die anderen, die erst an Christus und die Offenbarung glauben, die dann kämpfen um die äußerste Anverwandlung an Christus, um das christusförmige Sein und Dasein.

Die Kirche braucht in den Augen Bernharts den warmen Golfstrom der Mystik, damit sie nicht im polaren Klima des Anstaltlichen erstarre. Ihre Aufgabe aber ist, darauf zu achten, daß die Mystik sich nicht isoliere, selbstherrlich aufbäume und das Offenbarungswort auflöse[90]. In der katholischen Kirche ist der Strom der Mystik kaum je versiegt. Denn die Einung der Einzelseele mit dem Weltgrund ist zur Uranlage des Menschen zu rechnen. Es gab immer Menschen des geistlichen Kampfes, die das Dasein wegen des Dortseins führten.

"... *wo in der Kirche Christi diese Kirche als Christi Leib verstanden, wo an seine Lebendigkeit die menschliche glaubend und tuend sich anschließt, da regt sich ein Sein von eigener Art, dem mit keinerlei natürlicher Wissenschaft beizukommen ist.*"[91]

Viele von Bernharts Anschauungen erwachsen aus der Beschäftigung mit der Mystik. In vielem, vor allem wenn es um die Bedeutung der Schöpfung geht, um ihre Eigenwertigkeit, stellt sich Bernhart gegen extreme Aussagen der Mystik. Ihm liegt an einer "*Mittelbahn zwischen kirchenloser Mystik und moralisch-mystiklosem Kirchentum*"[92].

Das Irdische ist ihm Gleichnis, aber eben nicht nur unzulängliches

---

[90] Ebd., S. 41f.

[91] Ebd., S. 46.

[92] Der Frankfurter, S. 103.

Gleichnis[93]; für ihn gilt es, die Spannung auszuhalten, nämlich auf der einen Seite zu spüren, daß alles ewig im Innern verwandt ist, und auf der anderen, daß das Vereinzelte in seinem Sosein vom Schöpfer Würde zugesprochen erhielt.

[93] Vgl. ebd., Einleitung.

VII. Die Kirche als Bau, Leib und Braut - Aussagen zu ihrer Struktur

Bernhart war sich stets dessen bewußt, daß die Kirche in ihrem Dasein, in ihrer Verstrickung in die Welt zu unterscheiden ist von ihrem Sosein, von ihrem Gedachtsein als Gemeinschaft der und für die Menschen, die mitarbeiten, das Reich Gottes in der Schöpfung zu wirklichen. Wie weltfühlig und weit sein Blick blieb, verrät das Bild, das er in seinem Aufsatz "Leib und Verleiblichung" für die Kirche verwandte: Die Kirche Christi als göttlich-menschlicher Organismus, der zwar von Gott geschaffen, von ihm aber auch begeistet, beseelt ist[1]. Hierbei zieht Bernhart die drei Haupt-Metaphern der Schrift heran, den Bau, den Leib, die Braut. In ihnen sieht er drei Prinzipien der Kirche zum Ausdruck gebracht, zum einen das tektonische, statische, dann das vitale, organische, dynamische und drittens das personale.

Sie spiegeln die Verfaßtheit des gesamten Kosmos wider. So kann Bernhart die Kirche als Gottes Inbegriff des Kosmos, als Neuschöpfung bezeichnen. Mit diesen drei Prinzipien hat er versucht, - den Blick immer so scharf und innig wie möglich auf die Realität richtend - der Wirklichkeit der Kirche im Irdischen gerecht zu werden, ohne sie verknöchern oder im Dynamischen sich auflösen zu lassen - die gelassene Weite, die den Ausgleich sucht zwischen den verfassungsmäßigen, inneren Spannungen und den äußeren, situativen, im Gestelltsein in Geschichte und Übergeschichte begründeten.

Etwas übergeschichtlich Vorgegebenes soll sich in der Geschichte

[1] In: Gestalten und Gewalten, S. 201 - 238, hier S. 212.

verwirklichen. Diese Perspektive der Betrachtung der Kirche entspringt engstens Bernharts Sicht der Tragik, deren Quell im 'Berührungspunkt' von Zeitlich und Ewig liegt, im Gottmenschen Jesus Christus, mit dem die Kirche wesentlich verquickt, da von ihm gegründet und ihn repräsentierend ist.

Das Christusereignis - vor aller Zeit und in der Zeit - ist die geheimnisvolle Mitte der Gemeinschaft der Gerufenen[2].

Bernhart unterstreicht die missionarische Tätigkeit der Apostel, den von der Überzeugung getragenen Einsatz, die Gemeindegründungen des Paulus, sieht also in aller Deutlichkeit die menschliche Komponente, die politischen, geistigen, religiösen Zustände, die zum raschen und umfassenden Ausbreiten des christlichen Gedankens nicht unerheblichen Beitrag leisteten[3]. Doch für ihn steht es im Glauben außer Frage, daß Christus die Kirche gewollt und gegründet hat, denn die Kirche ist nicht nur eine in irgendwelchen Ideen übereinkommende Gemeinschaft, sondern eine von ewig gedachte, also dort auch verankerte. Bernhart unterstreicht seine Sicht, wenn er in seiner ausführlichen und warmen Schilderung die paulinische Tätigkeit vom Damaskuserlebnis, vom erschienen Kyrios Christus her bewegt sein läßt[4].

Er, der Erfüller der alten menschlichen Hoffnung, die auch das griechische Ideal des Menschen nicht aus sich erfüllen konnte, Er, auf den sich alles Geschehen in der Zeit bezieht, konfrontiert die

---

[2] Vgl. Der Vatikan als Weltmacht, S. 11.

[3] Dazu Bernharts Beitrag "Die Kirche in der Auflösung der antiken Kultur", in: Die Kirche in der Zeitenwende, hg. von E. Kleineidam und O. Kuss, Die Kirche und die Welt. Beiträge zur christlichen Besinnung in der Gegenwart, Salzburg-Leipzig 1938, S. 91-134; Sonderausgabe Darmstadt 1964, hier v.a. S. 6-19.

[4] Vatikan als Weltmacht, S. 11.

von ihm Gerufenen mit der Frage, für wen sie ihn halten. Petrus ist es, der seine Gottessohnschaft, seine Messianität kundtut. Dieses Bekenntnis wird zum Dreh- und Angelpunkt. Bernhart bezeichnet Petrus als den kosmischen Fels[5]. Seine deutende Darstellung der Papstgeschichte beginnt er denn auch mit dem Felsenwort im Blick auf die Peterskuppel. In den Worten Jesu liege die Stiftungsurkunde des Papsttums für die katholische Kirche.

1. Das tektonische Prinzip

Die unglaubliche Ursache der Urgemeinde ist die Auferstehung des Gekreuzigten. Die neuen Triebe dieser Gemeinschaft sind der frohe Geist der Gotteskindschaft und der starke Drang, Gegenwart und Zukunft nach dem Willen Jesu zu formen. Dies sind für Bernhart die Charakteristika der Politeia Jesu Christi. Petrus erhält als ein früher Osterzeuge, als Leiter der Jerusalemer Gemeinde und wegen seines Messiasbekenntnisses die fundamentale Stellung. Es ist jener Petrus, der in der Kraft des Vaters das Messiasbekenntnis abgelegt hat, nicht jener aus Fleisch und Blut, der zum 'Satan' wird, der Christi Weg und damit die Pläne des Vaters durchkreuzen will. Petrus als dem Glaubenden, als dem von oben her Beratenen, wie Bernhart sich ausdrückt, ist Dauer gegeben, ist Widerstandskraft gegen die Mächte von unten zugesagt. Er wird zum Schlüsselverwalter der Gemeinde Jesu. Diese Gemeinde belegt Bernhart mit dem Begriff Ekklesia, 'Königreich der Himmel'. Außerdem spricht er von der 'neuen Ordnung des Christus'. So werde Petrus zum kosmi-

[5] Ebd., S. 15

schen Felsen inmitten der Spannung von Himmel und Hölle. "*In das Drama eines gleicherweise kosmischen Gegensatzes gestellt, berührt vom Oben und vom Unten, ist er berufen, die Ordnung des Oben zu wahren gegen die Mächte des Unten.*"[6]

Was Bernhart schon in der frühen Kirche sich herausbilden sieht, nämlich die Glaubensregel, die apostolische Herkunft und Würde des bischöflichen Amtes, die hierarchische Ordnung der vom Laien unterschiedenen Repräsentanten der göttlichen Autorität und der römische Anspruch auf die führende Stellung im Verband der christlichen Gemeinden[7], hält er für Wesenselemente der Glaubensgemeinschaft, die sich nicht allein auf Charismen gründen läßt, sondern auf die gewöhnlichen Gesetze des Zusammenlebens sich einrichten muß, will sie die irdische Wirklichkeit durch das christlich Neue überformen.

So kann Bernhart zu seiner dreigliedrigen Metapher kommen: Die Kirche ist Bau, Leib und Person.

Sie braucht das Fundament, das Papstamt, genauso wie gegenüber den Laien die hierarchisch gegliederte Priesterschaft und ebenso die Glaubensregeln - alles Baugesetze.

Sie ist dann die Gemeinschaft der Heiligen, die das Irdische nach dem Gesetz des Oberen gestalten will im sittlichen wie im kultischen Bereich.

Sie ist schließlich die Braut Christi, der Gott widerstrahlende, reflektierende Organismus[8], in ihrer Selbsthingabe an Gott das Ursakrament.

---

[6] Ebd., S. 16f.

[7] Vgl. ebd., S. 31.

[8] Leib und Verleiblichung, in: Gestalten und Gewalten, S. 215.

1.1 Aedificabo ecclesiam meam.

Diese Verheißung nimmt Bernhart zum Ausgangspunkt dieses Bildes. Er übersetzt: "*in die Zeiten will ich bauen meine Kirche*"[9]. Jene Kirche, von der Gott den Plan hat, ja deren Plan er ist. Die Kirche ist also das zeitliche Sichtbarwerden des göttlichen Urentwurfes, der Inbegriff der Urgedanken, die dem All zugrunde liegen.

Auf diesem Hintergrund ist für Bernhart das Amt zu interpretieren: Das Christentum ist nicht von dieser Welt, soll aber diese Welt durchsäuern, nicht allein mit der Verkündigung eines abgeschiedenen Dort und Künftig. Es soll die Welt in Beschlag nehmen und läuft dabei Gefahr, selbst zu verweltlichen.

Bernhart bezeichnet das Christentum als die Revolution in Permanenz. Diese Revolution habe ihren institutionellen Sitz im Papsttum, der konservativsten aller Herrschaften[10]. Das Papsttum beruht auf einem geschichtlichen Ereignis, das nichts Vergleichbares in der Geschichte hat. Licht und Kraft erhält es von einem Ort, der der Zeitlichkeit überhoben ist.

Durch das Diktum Jesu eingesetzt und vom geschichtlichen Ablauf mit Notwendigkeit gefordert, vertritt das Papsttum das ewige Etwas, das Sein im Werden. Es bewegt als Fels in der Strömung, kurz: es institutionalisiert das Offenhalten des Menschen für den Transzendenzbezug. Es gibt an, was von Welt und Überwelt zu halten ist, weist hin sowohl auf das Ziel des einzelnen wie der Völker, gibt vor, wie die Dinge jeweils zu gewichten sind.

---

[9] Ebd., S. 212.

[10] Vgl. ebd., S. 343.

1.2 Hierarchie und Ämter

Die mystische Innenwirklichkeit der Kirche legitimiert ihre anstaltliche Seite und damit auch die hierarchische Ordnung der Ämter, die ihr von Christus als dem Priester, Lehrer und Hirten übertragen wurde[11].

Die Kirche ist der Inbegriff des Kosmos; wie dieser nach Maß, Zahl und Gewicht hierarchisch geordnet ist, so sind gerade in der Kirche Übergeordnetes und Untergeordnetes im Verhältnis der wechselseitigen Zuordnung. Dabei stehen Dienen und Herrschen in einer mutuellen Relation: es gibt auch Dienen nach unten und Herrschen nach oben[12]. Diese Heiligordnung gehört zum tektonischen Prinzip der Kirche[13].

Der Bau und das Bauen dienen als Bilder für die Geschichte zwischen Gott und Mensch. Festes Baugesetz ist das Sanctum im Bereich der Lehre und des Sittlichen. Das Urgesetzte ist dem Handeln als Richtschnur hingestellt, dem Handeln aus Freiheit[14]. Gottes Wort ist das Objektive, die gebaute Kirche mit Dogma und Recht, mit Autorität und Tradition verkörpert es. Die Kirche "*ruft Gott den Wahren als die lehrende Kirche im Namen des Menschen, der wissen will und erkennen soll; sie ruft Gott den Lebendigen als priesterliche Kirche im Namen des Menschen, der sein Todesleben um*

---

[11] Ebd., S. 349.

[12] Kosmos und Hierarchie, S. 12.

[13] Ebd., S. 2.

[14] Ebd., S. 17.

einer höheren Lebendigkeit willen zur Verfügung stellt; sie ruft Gott den Heiligen, Vollkommenen als die hütende, führende Kirche im Namen des Menschen, der sich in Irre, Mangel und Sünde sieht."[15]
Von der gesellschaftlichen Seite her gesehen ist die Scheidung der Gesamtkirche in Klerus und Laien das signifikanteste Merkmal. Die Stellung des Priestertums, das durch die Chorschranke, einer symbolisch unübersteiglichen Mauer, vom profanen Menschen getrennt ist[16], hängt entscheidend ab vom Verständnis des Sakraments als opus operatum.

Theoretisch wie praktisch habe das Verhältnis der beiden Stände immer wieder zu Konflikten und Kämpfen geführt. Die Schroffheit werde allerdings in unseren Tagen dadurch gemildert, daß die Idee vom allgemeinen Priestertum erneut auflebe und zwar nicht nur von der Laienwelt, sondern gerade auch vom Priesterstand her, da sich auch die hierarchische Kirche im Hinblick auf die Notstände im Bereich ihres Apostolates erneut darauf besonnen habe. Bernhart spricht von einer Laienschaft, die eine aktive Heerschar des Priesterkönigs Christus werden soll[17], da jeder Getaufte zum priesterlichen Dienst am Reich Gottes aufgerufen sei.

Die Kirche als Handhabe Gottes zur Führung und Heiligung des Menschengeschlechtes braucht für ihr Heilshandeln Menschen, die sie aus der übrigen Gesellschaft absondert. Diese Absonderung ist ein Resultat der klaren Scheidung Gott-Mensch und Natur-Übernatur. Gott und Übernatur aber sind weiterhin am Menschen wirkende Mächte, und zwar wirken sie bei aller Eigenherrlichkeit durch

---

[15] Ebd.

[16] Vgl. Einführung in den Katholizismus, S. 7.

[17] Vgl. Das Wesen des Katholizismus, S. 13.

den Menschen und durch sinnenfällige Zeichen. Daraus ergibt sich nach Bernhart folgerecht die Zweiheit von Heilig und Profan, Priester und Laie.

Um Maße und Kräfte einer übergeschichtlichen Seinswelt in der geschichtlichen zur Geltung zu bringen, indem die Kirche jene drei Ämter ausübt, die ihr von Christus übertragen sind, nämlich die Lehre, das Ausspenden der Sakramente und die "*Regierung und Leitung des vom Messias-König gegründeten, in die konkrete Geschichte drängenden Reiches*"[18], dazu bedarf sie der Organisation, der Amtsträger und der Verwaltung.

Bernhart weist der Kirche sowohl als mystischer Gemeinschaft wie auch als Anstalt und als Gesellschaft ihre jeweilige Berechtigung zu und deren wechselseitige Verwiesenheit auf.

Gefahren sieht er bei einer unzulässigen Gewichtsverlagerung, die er als historisches Faktum bedauern muß: "*Frage: warum gerade das katholische Christentum - so überreich an poetischen Gehalten - in der neueren Zeit so spärlich wirkliche Dichtung hervorgebracht hat. Muß bei uns nicht alle Genialität am Reglement, am unendlich differenzierten und kanonisch versteiften System, der institutionellen Sklerose des Corpus mysticum vertrocknen?*"[19]

Mit unserem Wissen um die seitherigen Ereignisse lassen sich die folgenden Vermutungen Bernharts als sehr feinspürig und vorausschauend einordnen: Er blickt auf die Kleriker, die umgewühlt aus dem Krieg heimkehren, mit der Vorahnung, daß die kommende Drangsal des Volkes die Denkweisen radikalisieren werde, und er hofft, daß diese Vorgänge auch das Kirchenleben bis hinein in den

[18] Vatikan als Weltmacht, S. 349.

[19] Tagebuch, Bemerkung 544, vom 30.Januar 1947.

Grund neu bewegen werden. Bernhart ist sich sicher, daß die Kirche auf die kommenden Unruhen keine anderen heilsamen Antworten anbieten könne als die Bibel und die philosophia perennis.

1.3 Das Dogma

Über Luther schreibt Bernhart, man könne die Innerlichkeit so weit treiben, daß man das Objektive aus den Augen verliere, daß man meine, die innere Wirklichkeit, die unsichtbare Kirche sei Gesetz und Satzung. Er bezeichnet das als den Anfang der Verwirrung, ja der Verwilderung, der Anarchie[20].

Die katholische Kirche hingegen habe in sich beide Richtungen, die das Objektive betonende und die eindeutig zum Innerlichen hinziehende. Schon im Mittelalter sei als Ouvertüre zur Darstellung Luthers dieser Geisteskampf ausgetragen worden.

In der Einleitung zur Ausgabe des Frankfurters formuliert er folgenden möglichen Kompromiß zwischen den Polen der Innerlichkeit und der Objektivität[21]: Gott sei gegeben erstens in der Tatsache der Kirche wie zweitens in der Tatsache des einzelnen Ich, also im Gefüge fester Ordnungen, in der Autorität - ohne ein kräftiges Regiment könne die vera religio nicht bestehen - wie auch in der unmittelbaren, persönlichen Erfassung der ewigen Wirklichkeit. "*Im Objektiven wie im Subjektiven äußert sich derselbe Gott... Wenn wir*

[20] Katholisch-Protestantisch, S. 13.

[21] Der Frankfurter. Eine Deutsche Theologie, übertragen und eingeleitet von Joseph Bernhart, Leipzig 1920, S. 54.

glauben, sehen wir, wenn wir aber lieben, sehen wir auch."[22]
Der konservative Geist der Kirche sei grundsätzlich auf die Bewahrung all dessen gerichtet, was nach dem natürlichen und nach dem geoffenbarten göttlichen Gesetz zum Wesensbegriff des Menschen gehöre. Dieses Prinzip der Bewahrung steht dem des Fortschritts gegenüber. Letzteres arbeitet darauf hin, das Unhaltbare und Unzweckmäßige durch Besseres zu ersetzen. "*Im Antagonismus also zwischen dem legitimen Recht und der wahren Freiheit liegt es der Kirche ob, für die Freiheit einzustehen.*"[23]
Religiöse Empfindungen und Stimmungen sind nicht denkbar ohne begrifflichen Inhalt. Wie tief Bernhart den Stellenwert der Dogmen verankert sehen will, wird deutlich aus einer Stelle des Büchleins, in dem er Meister Eckhart und Nietzsche vergleicht. Den Weg, den sie beide in der Religion gegangen sind, skizziert er als den, der alles in der heiligen Welt des Mittleren zwischen uns und Gott zerstört habe, der vom Symbol, den Satzungen und dem Dogma nur mehr Ruinen zurückgelassen habe - ein Verhängnis für den Menschen, der eingespannt ist zwischen Natur und Geist[24].
Die Bedeutung, die Vernunft und Natur im katholischen Denken einnehmen, ist hoch zu veranschlagen: Die Vernunft ist gültig und verpflichtend bis an die Grenze ihres Vermögens[25]. Die natürliche Vernunft kann, je tiefer sie geforscht hat, auch die Schau des Glaubens vertiefen.

---

[22] Ebd.

[23] Die Antwort der Weltreligionen, S. 23.

[24] Meister Eckhart und Nietzsche. Ein Vergleich für die Gegenwart, Berlin 1934, S. 56.

[25] Vgl. Das Wesen des Katholizismus, S. 1.

Die Kirche ist als eine auferbaute und eine aufzuerbauende bestimmten festen Normen des Seins unterworfen und muß gleichzeitig dem Andrang immer neuer geschichtlicher Situationen von ihrem Offenbarungsgrunde her begegnen; sie muß in der Allmählichkeit des Zeitlichen das werden, was sie ist.

Der Glaube als die fides qua und die fides quae sei zur Lebensluft der Überlieferung, zum Boden der Kirche und zum Stoff ihres Dogmas geworden. Aus dem Glauben, der am Anfang stand, und den jüdischen und hellenistischen Elementen, die er aus der Umgebung aufnahm, hat sich ein System des Glaubens, des Denkens und der Lebensordnung gebildet. Der Glaube hat die "*sein Wachstum speisende(n) Kräfte aus aller Welt aufgenommen, zugleich aber Urgegebenheiten seines Anfangs nach ihrem Wesen unverändert festgehalten*"[26]. Dieses System unterliegt, da in der Zeit, der geschichtlichen Betrachtung, es weiß sich aber selbst als etwas übergeschichtlich Gewolltes, Gewirktes und Geführtes. Deshalb weist es eine bloß geschichtliche Betrachtungsweise zurück.

2. Das organische Prinzip der Kirche

Als aufzuerbauende ist die Kirche ein vitaler Organismus. Hier weht sowohl Platons Gedanke der Polis, deren Bürger einen Organismus bilden, wie Augustins Lehre der himmlischen und der irdischen Kirche; daneben finden sich viele Anleihen aus den Vätern.

Das Oben ergreift das Unten als seinen formbaren Stoff, und das Unten gestaltet sich von sich aus nach dem Oben, versucht ihm entgegenzukommen, das Oben zu inkarnieren: eine zielgerichtete

[26] Heilers Katholizismus, S. 1112.

Bewegung der Kirche als Leib Christi.
Die Polarität dieses Organismus zeigt sich an den Beispielen der wechselseitigen Zuordnung von Leib und Seele, Natur und Geist, Freiheit und Gnade, Dogma und Ratio, Versinnlichung und Entsinnlichung am Körper Kirche. Die Liturgie realisiert die Synthese zwischen Innen und Außen, auch zwischen Hierarchie und Gemeinschaft.

2.1 Die Gemeinschaft

Bernhart geht es weniger um Gemeinschaft von einem soziologischen Aspekt her - im Gegensatz etwa zur zeitgenössischen französischen Ekklesiologie. Es ist bezeichnend, daß er die Gemeinschaft explizit nur in der "Einführung in den Katholizismus für Außenstehende" thematisiert: Nach außen hin betrachtet sei die Kirche ein Verband von Menschen; Bernhart begnügt sich mit dieser lapidaren Feststellung und geht ohne weitere Umschweife auf das Innere über. Danach ist die Kirche eine Gemeinschaft Berufener, die mit einer höheren Lebenskraft begabt sind, die Christus als Hoherpriester durch seinen Erlösungstod der Menschheit erwirkt hat. Diese Kraft wird für die Dauer der Zeit durch die Kirche, sein Organ, vergabt, d.h. die Kirche ist der wirkende Ausdruck einer dem Irdischen überlegenen Wirklichkeit und Ordnung[27]. Das ist der Anstoßpunkt zu allen Zeiten. Das Menschliche wird von außen und oben erfaßt und über sich erhoben: die Gnade, die die Natur zur Vollendung führt. Diejenigen, die sich von dieser Gnade ergreifen haben lassen, bilden die Gemeinschaft der Heiligen, deren wesentlicher Charakter

[27] Einführung in den Katholizismus, S. 9.

der höhere Liebesverkehr von Geist zu Geist ist, das gemeinsame Streben nach dem einen Heil.

Ganz augustinisch mutet es an, wenn er in dieser Gemeinschaft alle vereinigt sieht, die noch Wanderer auf der Erde sind, dazu die Schauenden des Himmels und die Büßenden in einem Zustand des Harrens zwischen Himmel und Erde.

Ein Christ für sich allein ist kein Christ. Wesentlich für die katholische Religion ist der Gedanke der Gemeinschaft, denn er muß gefordert werden, wenn die Kirche als eine Verleiblichung Christi in Raum und Zeit gesehen wird, eine Verleiblichung, die geschieht am "*Stoff und Mittel der ihm mystisch eingestifteten Menschheit, die seinem Ruf zur Nachfolge willig ist*"[28].

Trotz des Dranges des Religiösen zum isolierten Bezug Mensch-Gott in der Kammer des anbetenden Herzens hat die Kirche auch das Heilige dem Gedanken der Gemeinschaft unterstellt. Sie ruft die Menschen zusammen zur gemeinsamen Gestaltung des Reiches Gottes.

Der Mensch ist von Natur aus ein gemeinschaftliches Wesen. Er kommt erst zur vollen Entfaltung im Austausch mit dem Du der Welt außer ihm. Beide Bezüge also sind konstitutiv, der des gemeinschaftlichen mit seinesgleichen wie der zu Gott[29].

---

[28] Ebd., S. 10.

[29] Vgl. Freundschaft, BSB Ana 383, U 69.

2.2 Die Liturgie

Wiederum ist es bezeichnend, daß sich auch zur Liturgie die Aussagen nur spärlich finden lassen, obgleich dieses Thema in seiner Zeit ein zentrales war. Sie hat für Bernhart den Platz in der Mitte der Kirche, aber sein Schwerpunkt liegt eher im Bereich des Wortes[30].

Am Beispiel eines Eintrages in den Tagebüchern wird deutlich, wie tief er die Liturgie mitfeierte, wie sie ihn gedanklich anregte[31], wie er sich aber auch gegen jede Veräußerlichung wandte: die Versinnlichung birgt immer auch die Gefahr in sich, daß sie zur Oberflächlichkeit oder Magie führt[32].

Das Zentrum der Liturgie ist das eucharistische Opfersakrament: es ist das Herz und die Mitte des inneren Lebens der katholischen Kirche. Denn die Messe ist die sakramental mystische Vergegenwärtigung des geschichtlichen Versöhnungsopfers. Der Gedanke des Mysteriums steht im Zentrum. Der Gottmensch hat im Sakrament des Brotes ein Zeichen seiner Zwienatur gestiftet. Dadurch spendet er immerfort seine Wesenheit an die Menschen. Damit ist die sinnliche Welt gewürdigt als zuleitendes Mittel der Gnade. Von diesem Zentrum aus kann das weitere System der Sakramente entsprossen, "*in dem sich die sinnlichen Formen je nach dem Bedürfnis des Menschlichen und je nach dem Charakter der Gnade wandeln*"[33].

---

[30] Vgl. Niedergang und Hebung der katholischen Predigt, BSB Ana 383, P 57.

[31] Tagebuch, Bemerkung 385, vom 30.März 1945.

[32] Vgl. Das Wesen des Katholizismus, S. 11.

[33] Einführung in den Katholizismus, S. 14.

3. Das personale Prinzip

Das Skelett der Kirche ist das Gerüst eines Organismus, der sich als das Wachstümliche des Reiches Gottes aus den Gläubigen als seinen Gliedern aufbaut.

Die Kirche als das Organ der Vermittlung des Heiles an die Welt soll sich öffnen für die Hingabe an Gott, von dem sie das Heil zur Weiterleitung empfängt, und öffnen dem Kosmos gegenüber, der in Seufzen und Wehen liegt, damit das Heil auch diesem zuteil werden kann. Über die Kirche kommt das unausforschliche Gesetz jener Urlebendigkeit, die in Person gesprochen hat und weiterspricht 'Ich bin der ich bin'. Die Lebensfülle, die darin angeboten ist, hat die ganze Schöpfung bestätigt. Die Dinge sind nicht mehr nur, was sie an sich sind, sondern sie sind Hinweise, Zeichen dessen, der ihnen allen das Fiat gesprochen hat.

Das höchste Wesensmerkmal der Kirche ist nun das, in dem sie die höchste Stufe der Repräsentation zu erkennen gibt: alles Geschöpfliche, in der Zeit Stehende zurückzuführen zu seinem Schöpfer, die Zurückleitung des Kosmos an den Logos. Die Kirche ist die sichtbar unsichtbare Darbringung, die Hingabe aller uns gegebenen Geschöpflichkeit an den Herrn, der der Herr der Geschichte und der Natur ist: sie ist in ihrem Wesen Sakrament.

Damit sind wir beim dritten zentralen Bild: die Kirche als die Braut des Lammes; das Verhältnis der Kirche zu Christus als Liebesgemeinschaft.

"*Wie die natürliche Zeugung das geschöpfliche Gleichnis zur Schöpfertat Gottes ist, so soll es auf Grund der Kirche eine Fortpflanzung im Sinne jener Lebendigkeit geben, die durch das Lehren, Leben und Todesleiden des Herrn ihre Wirklichkeit offenbar gemacht und alle fernere Geschichte auf eine erregende Weise in Angriff genommen hat.*"[34]

Es geht darum, sichtbar zu machen, daß die Geschichte Geschichte Gottes mit den Menschen ist.

Die Kirche ist das Braut-Weib des Lammes und damit erwählt und berufen zur innigsten Gemeinschaft und zur ebenbürtigen Vollkommenheit mit dem Lamm. Wie sich das Lamm auf die Schlachtbank führen ließ und so erst in die Herrlichkeit einging, so steht die Kirche in Kompassion mit dem Lamme, denn das Böse ist durch Golgatha nicht aufgehoben worden. Gerade außerhalb des Reiches Gottes wird die Bosheit in ihrer vollen Kraft erfahren, nämlich als die Bosheit, die dieses Außerhalb ist.

Das Zeichen der Braut des Lammes ist das Kreuz, das Zeichen des ganzen leidenden Kosmos, in den Christus leidend eingegangen ist. Aber er hat sich darüber erhoben in der Auferstehung. Also ist nicht das Leid das letzte Wort des Kosmos und der Geschichte[35].

"*Und die Braut des Lammes hat als Testament die acht Seligpreisungen auf den Menschen, der so oder so erst als Bettler im Geiste über sich hinaus zu seiner gottgedachten Größe wachsen kann.*"[36]

In dieser Größe erst kann er Gott widerstrahlen; hier erhalten die erhabensten Dinge des gottebenbildlichen Menschen, nämlich Freiheit, Liebe, Hingabe, Opfer ihre volle Dimension.

Schließlich wird deutlich, wie Bernhart es meint, wenn er formuliert, der Mensch sei auf seine Vollwirklichung, auf die Kirche hin angelegt.

Deswegen fordert es die Frömmigkeit des "Tu solus" - ein Anruf an

---

[34] Kosmos und Hierarchie, S. 21.

[35] Ebd., S. 22.

[36] Ebd.

den Menschen, sein Heil in Schauer zu wirken.
Dem unheilen Erdenstand gemäß bleibt auch die Anerkenntnis des Sakraments als Werk Gottes an uns. Dadurch werde der sinnlichen Wirklichkeit der höchste Sinn zugesprochen, "*nämlich als Mittlerin unseres Heiles zu dienen, bedroht vom magischen Urbedürfnis des Menschen, Welt und Gott selbstisch an uns zu beugen*"[37]. Die Sakramente werden von Bernhart aufgefaßt als Gegengewicht gegen eine allzu geistige und persönliche Frömmigkeit[38]; der andere Weg zum göttlichen, ewigen Leben. Der sinnliche Mittelpunkt des Zusammenschlusses der Christen konnte die Sakramente als hegendes Band der Gemeinschaft nicht entbehren. Deswegen gaben ihre Denker ihnen die doktrinäre Festigkeit und Bestimmtheit. Das Sakrament ist also Ausdruck der Aufgabe der Kirche an der Welt: sie zu heiligen. Mit diesem Wesen des Sakramentes nach außen wird die Sendung der Kirche in der Welt deutlich: sie hat die Mittlerschaft des Überweltlichen für die Welt.
In diesem Heilsangebot wird transparent, wie die menschliche Existenz, wie sie an und für sich besteht, unhaltbar wird[39]. In der Spendung des Heiles an die unheile Welt liegt die Tragik der Mutterschaft der Kirche.

---

[37] Das Wesen des Katholizismus, S. 10.

[38] Vgl. Der Frankfurter, S. 56.

[39] Vgl. Tagebuch, Bemerkung 143.

VIII. Zusammenfassung und Wertung

1. Das Konkordat der Wahrheit zwischen der Kirche und dem modernen Menschen

Für einen Vortrag zum Pontifikats- und Priesterjubiläum Papst Pius' XII. im Rundfunk entwickelte Bernhart Forderungen an die Kirche des 20. Jahrhunderts[1], für die es auf dem II. Vaticanum 15 Jahre später lange Zeit brauchte, bis sie Gehör fanden. Erneut setzte er an bei der Existenznot des heutigen Menschen, der sich in das Angsterfüllte seiner Existenz einwühlt[2].

"*Aber aus diesem Brüten am Rande des Nihilismus erweckt ihn keine Stimme, die ihn nicht bei seiner innersten Not anriefe. Er wird taub sein für eine Kirche, die nicht in gleicher Ehrlichkeit vor ihm sich öffnen würde, als etwas schlechtweg Geschöpfliches, selber mit dem Geheimnis Ringendes, in die allgemeine Geschichte Verstricktes, das teil hat am allgemeinen Kummerbrot des Menschen. Diese Kirche muß ihn wissen lassen, daß die Schöpfung notwendig und von Hause aus mit Übel behaftet ist; daß es dem Menschen eigen ist von Natur, in der Welt Angst zu haben und nur eine Liebe, die über die Natur ist, die Furcht austreiben kann, daß auch sie, die Kirche, nicht ausgenommen ist vom Gesetz der Schuld...*"[3]

---

[1] Über Papst und Papsttum, gesendet im Bayerischen Rundfunk am 3. April 1949, BSB Ana 383, U 28.

[2] Vgl. Vom Geheimnis des ewigen Lebens, München ²1960, S. 5.

[3] Über Papst und Papsttum, S. 4.

Die Kirche ist gegründet in der Zeitlichkeit, dem Gesetz der Geschichte unterworfen, daß alles nur im Streit der Gegensätze vorankommt, daß das Alte das Neue braucht und umgekehrt. Auch die Kirche ist nicht herauserlöst aus der Tragik, sondern hineinerlöst in ihre volle Gültigkeit vor Gott. Wenn sie dies anerkennt, kann sie in den Augen Bernharts offener und glaubwürdiger auf den Menschen zugehen. Hier gilt es dann "*den zerrissenen Menschen der Modernität, den Gottverlassenen in der Furchtbarkeit seiner Selbstbegegnung in ein neues Konkordat mit der Wahrheit der Kirche zu bringen*"[4]. Dem totalen Menschen, als den der zeitgenössische Mensch sich empfinde, müsse sich die Catholica in ihrer Totalität zeigen, ihm müsse sie die ganze Bibel mit ihrer inneren Gegensatzbewegung präsentieren, ihm in ihren eigenen Reihen die Freiheit der Auseinandersetzung statt der Alleinherrschaft gewisser Denksysteme vorführen, eine Auseinandersetzung, die das Wahre aus jedem Munde annimmt.

2. Versuch einer Zusammenfassung

Der Mensch als geschaffener und auf seinen Schöpfer bezogener ist für Bernhart Ansatz- und Ausgangspunkt. Stehend in einer animalisch-geistigen Zwiebürgerschaft ist die irdische situatio humana grundsätzlich eine friedlose, weil zwiemögliche, spannungsgeladene. Von selbst kann der Mensch dazu kommen, sich aufzuschwingen aus der natürlichen, zeitlichen Ordnung zur Teilhabe an der übernatürlichen, ewigen. Religiosität aber kennt auch die gegenläufige Richtung, sie ist Ereignis, das am Menschen geschieht.

---

[4] Ebd., S. 5.

Ansatzpunkt der Darstellung des Kirchenbildes bei Bernhart muß der homo religiosus sein, dessen Religiosität ihren konkreten Inhalt im Christentum findet. Mit Christus ist die Spannungslage des Menschen noch intensiviert, der Prozeß des Menschseins noch dramatisiert worden.

Als Christ weiß sich der Mensch konfrontiert mit dem messianischen Gottmenschen und der von ihm gegründeten Kirche. Damit erhält alle Schöpfung ihr Gewicht, ihren Sinn, den Heilssinn, auch das Negative, wie Bernhart deutlich herausstellt. In dieser Frage liegt wohl ein wesentlicher Hebel, mit dem Bernhart an der bisherigen Theologie, am bisherigen Verständnis von Kirche und Welt ansetzt.

Der Humanismus des Christentums ist nicht ein irdischer, sondern einer, der den Heiligen Vater nennt und sich an den wirklich übermenschlichen Forderungen der Bergpredigt orientiert.

Mit Christus ist Ewigkeit in der Geschichte offenbar geworden, er ist das Urmaß, der Angelpunkt aller Geschichte, er ist die Offenbarung des Planes Gottes vom Menschen; diese Offenbarung gilt absolut, radikal und universal.

Dieser universale Heilswille ist für ihn Zentrum des Begriffes "katholisch". Von katholisch läßt sich eigentlich nur in der adjektivischen Form sprechen als Charakteristikum der Kirche, die von Christus gegründet ist, um das Heilsangebot, das ein kämpferisches, aber kein knechtendes ist, der ganzen Geschichte zu vermitteln. Universal ist dieses Heilsangebot auch insofern, als es den Menschen als Ganzen mit Leib und Seele in Anspruch nimmt.

Die katholische Kirche kennt erstens ihr spezifisches Lehrgut, nämlich die Zuversicht ins Dasein, die analogia entis, die zurückgeht auf die Spannung zweier inkommensurabler Ordnungen, die ihre Problematik auch im ethischen Bereich verdeutlicht, kurz und schematisch

ausgedrückt, in Freiheit und Gnade.
Das zutiefst Unsinnliche der christlichen Forderungen sucht immer wieder Ausdruck im Sinnlichen: die katholische Kirche kennt zweitens einen reichen Bilderschatz in der Rede von Gott und im Dienst an Gott. Letztlich weist alles Geschöpfliche auf den Schöpfer; die mediale Zone des Symbolischen wird unterstrichen.
In diesem Kontext ist drittens der Einsatz des Geschöpflichen im Kult zu verstehen: das Stoffliche kennt seine himmlische Berufenheit.
Konkretisiert wird das Spezifikum, das die Religiosität der katholischen Kirche ausmacht, wenn vom Evangelium als der Krisis der Religion gesprochen wird. Hier geht es um die lebensnotwendige Wahrheit in der Antwort der Offenbarung auf die Frage des Menschen. Diese Antwort kann nicht in wissenschaftlicher Rede allein ausgedrückt werden. Auch im Mythos ist das Rauschen der Wahrheit zu hören. Deswegen kann Bernhart nicht der radikalen Entmythisierung zustimmen, sein Ziel ist die aufgeklärte mythologische Rede, die um den Gehalt an Mythos weiß. Der Mythos wird von Bernhart als ein auf die Wahrheit des Christentums hin vordeutendes Sinnbild gesehen.
Das Evangelium durchbricht das Mythische allein schon mit der Radikalität seines Zeitverständnisses: die Zeit wird zum kairos, zum Angebot der Ewigkeit.
Der Glaube bestätigt die Unvergleichlichkeit der biblischen Religion, also kann sie vom Mythos nicht verkehrt, sondern dieser nur von ihr in den Dienst genommen werden, um die Menschen hinzuführen auf die Wahrheit der Offenbarung, daß Gott auf den Menschen zukommt, ihn erlöst.
Auf den Menschen in seinem Vollsein hin ist die Kirche von Christus gestiftet, wie auch der Mensch angelegt ist auf die Kirche hin -

Bernhart denkt an das Vorbildhafte des platonischen Staates.
Es ist die Gemeinschaft der Heiligen, die die Kirche auferbauen, diese Welt mit der Formkraft des Reiches Gottes durchsäuern sollen.
Bernhart kennt dabei zwei polar entgegengesetzte und sich ergänzende Wege: den der sittlichen Vervollkommnung und den der kultischen Frömmigkeit.
Die katholische Kirche nimmt das Ganze der Geschichte in Angriff, richtet ihren Anspruch auf das Ganze des menschlichen Körper-Seele-Wesens, nimmt das Ganze der Natur als die Materie, die sie zu überformen hat, darin sie das fortdauernde Christusereignis zu wirklichen hat.
So kann Bernhart auch - von der Logoschristologie und alttestamentlicher Weisheitsrede herkommend - die Kirche als die Idee des Kosmos bezeichnen, das Realste vom Realen.
Sie ist personal auf das Lamm ohne Fehl und Makel hingeordnet, die Makellosigkeit ist auch unverletzlicher Wesensteil der Kirche, das andere ist die geschichtliche Befleckung und die Kompassion mit dem Lamm, wie Bernhart sich ausdrückt.
Christus als der inkarnierte, als der leidende - das Kreuz ist das Symbol der Grundverfaßtheit der Welt - und der auferstandene, ihm ist von je die Kirche bräutlich zugeordnet.
Aufgabe der Braut ist es, sich als "Testamentsvollstrecker" Christi einzusetzen, daß der Inhalt der Seligpreisungen wirklich wird.
Als exemplarische Vollstrecker des Testamentes sind für Bernhart die Heiligen zu behandeln, die als dämonische Naturen die ungeheure Spannung des Geschöpflichen im Menschen intensiviert zeigen und diese einsetzen, den kairos der Zeit zu ergreifen. Wenn Bernhart von "heilig" spricht, kommt er beinahe überall zugleich auf die Spannungsprobleme, auf Krankheiten im irdischen Sinne zu sprechen. Der Heilige ist, wie die Offenbarung, die er weiter erschließt,

ein Ärgernis in dieser Welt; er will das Menschenbild retten, wie es gemeint ist von seinem Schöpfer.

Als einen wichtigen Weg, das Dasein wegen des Dortseins zu führen, stellt Bernhart den Mystiker vor.

In seiner Bildtrias der Kirche als Bau, Leib und Braut werden sowohl seine Aussagen zur Struktur der Kirche als auch die gemeinschaftlichen und personalen Aspekte behandelt: es geht dabei in erster Linie um die Kirche in ihrer Verstrickung in die Welt.

Im Zentrum der Kirche steht das fortdauernde Christusereignis, also Inkarnation, Kreuz und Auferstehung. Auf Christus bezieht sich alles Geschehen in der Zeit. Ihn zu bekennen ist der Dreh- und Angelpunkt aller Weltgeschichte.

So macht auch das Messiasbekenntnis Petrus zum kosmischen Felsen. Der Glaube, das von oben Beratensein, wird zum tragenden Grund. Schon in der Urkirche bilden sich Verwaltungsstrukturen heraus; die Kirche muß sich auf die gewöhnlichen Gesetze des Zusammenlebens einrichten. Das Petrusamt institutionalisiert in Bernharts Augen eine Revolution in Permanenz, es institutionalisiert das Offenhalten des Irdischen für das Überiridische.

Wenn Bernhart auf die Hierarchie und die Ämter zu sprechen kommt, wird es deutlich, wie er sich von der Richtung abhebt, die allein die anstaltliche Seite betonte: Das Hierarchische ist ein Ordnungsprinzip des Kosmos, also auch der Kirche, des Urbildes des Kosmos, aber sie wird allein von der mystischen Innenwirklichkeit der Kirche her legitimiert. Bei Bernhart finden sich ebenso Stellen, die eine neue Relevanz des Gedankens vom allgemeinen Priestertum aller Getauften aufzeigen.

Den begrifflichen Inhalt der Religion des Christentums der katholischen Kirche - also neben dem Anstaltlichen der andere objektive Stützpfeiler - bewahren und geben die Dogmen weiter, gespeist aus

Schrift und Tradition.
Unter dem Aspekt des organischen Prinzips werden Bernharts Aussagen zur Gemeinschaft und zur Liturgie vorgestellt. Es geht ihm immer wieder um den Bezug des einzelnen Menschen zu seinem Schöpfer, doch des einzelnen, der als ein gemeinschaftsbezogener geschaffen ist.
Kirche ist für Bernhart nie nur Gesellschaft, sondern eine durch eine besondere Formkraft geschaffene Gemeinschaft Berufener.
Der Gedanke des Mysteriums steht in den spärlichen Aussagen zur Liturgie eindeutig im Vordergrund; das Mysterium der Eucharistie, das zum "schlagenden Herzen" des Katholizismus wird.
Das personale Prinzip schließlich wird charakterisiert durch Freiheit, Liebe und Hingabe, Charakteristika, die Bernharts Sakramentsverständnis bestimmen. Gerade deswegen wurden seine Aussagen zum Sakrament unter diesen Punkt gefaßt. Die Heilsmittlung der Kirche wird zu einem zutiefst sakramentalen Akt, die das fortdauernde Christusereignis repräsentierende Kirche selbst zum Ursakrament.
Von diesen zentralen Aussagen her ist auch die Begegnung von Kirche und Welt zu verstehen. Es geht um den Heilskampf um das Gottesreich, letztlich, um mit Bernhart zu sprechen, um die Tragik schlechthin: Die Welt ist angelegt hin auf den Erlöser, aber sie ist entlassen in die Freiheit und kann sich dem Ausbreiten des Reiches Gottes widersetzen.

3. Ein Ansatz, ihn zu werten

Bernhart wendet sich dagegen, nur von "Katholizismus" zu sprechen, das sei eine Bezeichnung, die eher die Gebildeten gebrauchen, wenn sie die Kirche als philosophisch disputables Phänomen betrachten[5]. Der schlichte gläubige Mann hingegen spreche lieber von der katholischen Kirche, darin schwinge auch ein Gefühl von Nähe, Beheimatetsein und Betroffensein mit.

Das Christentum der katholischen Kirche sei zutiefst eine Religion, der innerste Kern der Religion aber nicht ein philosophisches Disputieren, sondern das Opfer. Die katholische Kirche habe im Kreuz ihr Symbol und in der Messe ihre Mitte, ihr geheimnisvolles Lebensprinzip[6]. Sie sei eine Gemeinschaft, eine soziale Bindung unter sichtbaren Zeichen, eine Gemeinschaft der kultischen Anbetung, eine Gemeinschaft, deren Formprinzip Christus ist[7].

Vom Gedanken des gemeinsamen Gerufenseins zum gemeinsamen Ziel her betrachtet Bernhart den sozialen Aspekt der Kirche. Einflüsse etwa aus der französischen Ekklesiologie unseres Jahrhunderts werden dabei nicht spürbar; wohl liegt ein Erklärungsgrund darin, daß Bernhart seine Grundgedanken zum Kirchenbild bereits in der ersten Hälfte der zwanziger Jahre entwickelte, in einer Zeit, da vorrangig das Wesen des Katholizismus bedacht wurde. Bernhart bewegt sich denn - bei all seiner Ablehnung - auf dieser Argumentationsebene. Der Katholizismus ist für ihn eine Denkform, ein Standpunkt, die Welt zu betrachten - und seine Betrachtung mutet wie

---

[5] Vgl. Deutsche Mystik, BSB Ana 383, P 77, S. 11.

[6] Vgl. ebd., S. 12.

[7] Ebd.

eine, in unserer modernen Diktion, ganzheitliche an.

Bernhart ist nicht zünftiger Theologe, sondern ein Denker auf dem philosophisch-theologischen Feld, der die Geisteskämpfe seiner Zeit in sich trug, der die Geisteskämpfe in der Geschichte kannte und von ihnen her zu deuten und zu weisen versuchte.
Sein Ausgangspunkt ist der fragende, der suchende, der bedrängte Mensch, weit noch zerfahrener als der Kaplan, den er darstellt[8].
Es ist der Mensch, der am Horizont zweier Ordnungen steht, wenn er das auch nicht mehr spüren kann oder will und durch viel Getriebe überdecken will. Es ist der Mensch, der, selbst polares Wesen, eingespannt ist in Polaritäten, in Spannungen, die ausgehalten sein wollen - die Lösung besteht für Bernhart nicht im Aufheben, im oft naiven Harmonisieren, sondern im Aushalten der Spannung.
Seine Grundentscheidung ist die für die katholische Kirche, für die Kirche, die er in der Auseinandersetzung mit der modernen Welt hautnah auch als einengend erfährt, um die er sich mit vielen seiner Zeitgenossen redlich müht, die ihm den Blick für die Fülle der gesamten Wirklichkeit auftut, aus deren reicher Tradition er für die Deutung moderner Phänomene hervorholt. Man könnte von Weltanschauung, von einer Denkform sprechen, und so weit wäre dann auch der Begriff "Katholizismus" gerechtfertigt.
Aber bei Bernhart zeigt sich, welch inniger Konnex, ja welche Verquickung besteht zwischen Weltwirklichkeit und Offenbarungsglaube, der freilich die Vernunft nicht ihrer gottgegebenen Stellung beraubt. Es ist eine Grundentscheidung zur Schöpfung und zum

---

[8] Vgl. dazu: Erinnerungen, hg. von Max Rößler, Köln 1972, S. 286: "Dieses andere Material, das mir heute noch vor Augen liegt, ergibt keinen anderen Helden als den schwärmenden, im Schwärmen auch dem Zerfahren ausgesetzten jungen Mann des Kaplansbuches.

Schöpfer. Der Begriff "Weltanschauung" kann also hier nicht in seiner rein subjektiven Besetztheit gebraucht werden, denn er stützt sich auf Objektives, er bezieht dieses, nämlich das durch die Offenbarung Vorgegebene, mit ein. Diese Weltanschauung ist ein Blick auf die Ganzheit, in der das Einzelne in einer geschlossenen Seinsformung steht; das Einzelding ist wesentlich auf "Gesamt" bezogen; daraus ist auch das Denken in Gegensatzspannungen zu erklären. Der Weltanschauungsblick ist eine Erkenntnishaltung, die dem Menschen wesentlich ist. Gerade der Modernismus versuchte, nicht in der Fachwissenschaftlichkeit stecken zu bleiben, sondern wollte die Begegnung mit der Welt.

Wenn ganzheitliches Denken charakterisiert wird durch die Akzeptanz der Analogie, wenn es vom Paradoxon der Wirklichkeit spricht, wenn es akzeptiert, daß der Beobachter ein Teil des beobachteten Systems ist, daß die Wissenschaft Instrument, nicht Selbstzweck sein will, daß Wirkungen, die wir erfahren, oft überrationale Ursachen haben, daß auch Mythen Erkenntniswert zugesprochen wird, daß sowohl die Vernunft als auch mystische Erfahrungen Erkenntniswege sind..., dann ist Bernhart ein solches ganzheitliches Denken nicht abzusprechen, nicht nur weil er Gedanken, wie dem nach der Weltseele nachgeht, weil er auch Themen, wie Traum und Okkultes, nicht ablehnt, sondern gerade seiner intensiven Beschäftigung mit der Mystik wegen. Hier liegen auch die Grenzen, vom "ganzheitlichen Denken" zu sprechen.

Seine breite Auseinandersetzung mit der Mystik hat ihm die Sicht für das Individuelle und dessen Bezug zum Ganzen ausgeprägt. Man möchte oft bei Bernhart meinen, der homo religiosus stehe über der Kirche, aber es ist der homo religiosus, der als Vereinzelter wesentlich auf die Gemeinschaft bezogen ist. Die Mystik führt über die Kirche hinaus, sucht die unmittelbare Verbindung Gott - Mensch, sie betont den Primat der sittlichen Tat vor dem dogmatischen Disput, das äußere Werk der Frömmigkeit bedeutet ihr nur mehr wenig. Bernhart konstatiert dies für die Mystik; daß sich solche Tendenzen auch bei ihm finden, steht außer Frage.

Die Kirche lebt von der Mystik. Dieser Satz ist entscheidend für die Interpretation Bernharts. Von der Mystik her läßt sich auch seine Theodizee sehen: sie nimmt eine Stellung zum Leiden ein, die diesem eine göttliche Notwendigkeit in der Welt zuspricht. Hätte Christus gelitten, läßt er den Mystiker fragen, wenn es nicht notwendig gewesen wäre.

Die Stellung des Defektiven spielt bei Bernhart eine zentrale Rolle. Man kann die Behauptung wagen, daß gerade diese Sicht - und Bernhart wußte um die Andersartigkeit seiner Sicht im Vergleich zu den kirchenamtlichen Aussagen - daß also die veränderte Theodizee auch das Sehen und Anerkennen des Negativen und Defektiven in der Kirche, die eben auch eine geschöpfliche ist, ermöglicht, daß diese veränderte Theodizee das Angehen gegen die Vorstellung von der societas perfecta geradezu herausfordert.

Damit ist aber auch, so paradox dies klingen mag, da doch mystischer Geist eher anistorisch ausgerichtet ist, die Dimension der Geschichtlichkeit anerkannt.

Die Kirche ist eine gott-menschliche Wirklichkeit und als solche in die Zeitlichkeit einverspannt; damit wird der Kirche alle Weltfremdheit genommen, das Schiff freilich auch nicht vor dem Schmutz bewahrt, der auf der Fahrt durch die stürmische See an ihr haften bleibt. Es handelt sich um eine sehr nüchterne Sicht der Kirche, die gerade in ihrer Banalität, Alltäglichkeit, Menschlichkeit, die ihr jetzt nicht mehr fremd ist, Anstoß erregt, Grund zum Ärgernis gibt. Die Kirche ist eine geschichtliche, dazu gehört, daß es auch in ihrer Erkenntnis und Lehre Entwicklungen gibt, daß die Heilsgeschichte ein sukzessives Einführen und Eingeführtwerden in die Wahrheit kennt.

Die Kirche ist angelegt auf den Menschen und die Welt hin; sie ist Urbild des Kosmos und will den Menschen ganz zum Menschen wirklichen, d.h. in ihr ist das universale Heil antizipiert.

Kirche ist Ursakrament, also Urangebot und Weitergabe der Erlösung an die Schöpfung. Daher wird das Reden von der Kirche auch zu einem Reden vom Sinn der Geschichte: spätestens an diesem Punkt muß ersichtlich werden, wie eng Ekklesiologie und Geschichtstheologie zusammenhängen: im Logos Jesus Christus.

Der Blick muß auf die Christozentrik gelenkt werden.

Christus ist das Formprinzip der Kirche, alles ist auf ihn hingeordnet. Die Gemeinschaft derer, die zu Christus halten - kann man sie mit Bernhart mit der Kirche identifizieren oder würde er entgegenhalten, es gebe Berufene und Auserwählte? - sind eine neuschaffende Kraft, die nach oben zieht, sie verdeutlicht die Wirklichkeit des Heilsangebotes, auf sie harrt die gesamte Schöpfung. Wie viel bleibt gerade in diesen Punkten auch ein Vierteljahrhundert nach dem II. Vatikanum noch einzuholen; Stichpunkte, wie Kirche und Universalgeschichte, Erlösungslangen der außermenschlichen Kreatur[9], mögen nur Andeutungen eines weiten Feldes sein.

Wie er bei der Religiosität den Ereignischarakter unterstreicht - vielleicht auch eine Frucht seiner Kenntnis der Mystik - so tut er das, wenn er auf das Verhältnis Kirche - Christus zu sprechen kommt.

Er verwendet das paulinische Bild des corpus mysticum; manche Stellen zeigen im gott-menschlichen Charakter der Kirche die Ana-

---

[9] Vgl. Die unbeweinte Kreatur. Reflexionen über das Tier, München 1961, neu hg. von G. Schwaiger, Weißenhorn 1987.

logie zum Gottmenschen Christus. Seine reifste Aussage liefert Bernhart mit dem "fortdauernden Christusereignis". Darin ist das Bild vom corpus mysticum involviert, gleichzeitig wird Gefahren vorgebeugt, die die Kirche in ihrer Zuordnung zu Christus als apersonalen Leib sehen oder die Parallele Kirche - Inkarnation aufbauen, wie sie Grillmeier in seinem Kommentar zu "Lumen gentium" andeutet[10]. Dieser Gefahr ist freilich bei Bernhart auch durch die Vielfalt der verwendeten, sich ergänzenden und korrigierenden Bilder vorgebeugt.
Es wird jene Dynamik spürbar, von der auch der religiöse Mensch ergriffen wird. Diese Dynamik ist der inkarnierte Christus, der gelitten hat und auferstanden ist mit verklärten Wunden; es ist die Dynamik der Fülle des Lebens. Somit ist die Christozentrik zutiefst wörtlich zu nehmen. Und sie weist auf mehr als die Diktion "Elongatur der Menschwerdung in die Geschichte", wie sie Arno Schilson für Guardini anwenden will[11]. Diese Christozentrik beinhaltet eine stark eschatologische Perspektive. Die Kirche ist der Garant der auf ihren Schöpfer bezogenen Schöpfung, der Angriff des Heiles ist auf die ganze Welt gerichtet, universal - katholisch. Schilson hält für Guardini fest, daß dieser mit seiner christologischen Wende über das II. Vatikanum hinausweise. "*Daß Kirche und Christen erst in der radikalen Öffnung auf Jesus Christus hin ihre letzte Wahrheit finden, daß die entscheidenden Fragen nach Sinn und Auftrag der Kirche nicht in deren Selbstbespiegelung, sondern allein aus der immer*

---

[10] LThK, Bd. 12 zu cap. 1, art. 7, S. 168 - 170.

[11] Schilson, A., Perspektiven theologischer Erneuerung. Studien zum Werk Romano Guardinis, Düsseldorf 1986, S. 235.

neuen Erfassung der Christuswirklichkeit eine Antwort finden"[12], kann genauso von Bernhart her unterstrichen werden.
Die Christozentrik wirkt schließlich auf die Glieder der Kirche: sie zeigen sich geprägt durch die Seligpreisungen, durch die an ihnen und durch sie wirkende Formkraft des Inhalts der Bergpredigt. Nicht Christusnachfolge, sondern Christusförmigwerden, von ihm Geprägtwerden sind die zentralen Begriffe Bernharts. Darin zeigt sich erstens die Bedeutung, die er der Form beimißt; die Verwendung dieses Begriffes geht zurück zum einen auf seine intensive Beschäftigung mit Thomas - aber genauso mit der antiken Philosophie; man könnte Bernhart als einen scholastischen Interpreten des Lebens unserer Tage nennen - denn welcher Theologe dieses Jahrhunderts, Josef Pieper ausgenommen, hat so konsequent scholastisches Denken für die Deutung und Anschauung unserer Zeit fruchtbar gemacht?
Zweitens bricht der Dichter durch, dem es um geprägte Individuen geht, den die drei großen Fragenkreise der ersten Hälfte unseres Jahrhunderts zutiefst bewegten, nämlich das Gute, das Schöne und das Heilige. Daß sie alle drei zutiefst mit der Religiosität verbunden sind, hat die Aufklärung gezeigt, die das Gute zum Inhalt ihrer Frömmigkeit machte, haben Goethe und seine Zeitgenossen aufgewiesen, die das Schöne auf den Altar erhoben; das Heilige sucht beide Elemente in sich zu fassen und sie zu überhöhen, indem es deren Weisung nachgeht.

[12] Ebd., S. 252.

Studien zur Theologie und Geschichte (SThG)

von *Georg Schwaiger*
ıt: 21×14,8 cm, broschiert

nd: *Modesto, Johannes*
ɔr der Große.
:olger Petri und Universalprimat.
X, 412 Seiten, DM 43,—/öS 330
EOS Buch 901

udie weist anhand einer begriffsgeschichtlich ori-
en, chronologischen Untersuchung des umfang-
n Corpus Gegorianum (mit Schwerpunkt auf der
teratur) auf ein sehr differenziertes Primatsver-
ıis dieses Papstes und Kirchenvaters (590–604)
as in der entsprechenden theologischen Literatur
ıicht angemessen registriert worden ist. Abschlie-
wird die unterschiedliche, aber insgesamt überra-
l positive Rezeption der betreffenden Aussagen
rs bei anderen Konfessionen und Traditionen do-
ıtiert, die die Hoffnung auf einen ökumenisch ak-
rten und praktizierten Petrusdienst weiter aufrecht
.

.nd: *Hoppe, Bernhard M.*
igtkritik im Josephinismus.
›Wöchentlichen Wahrheiten für und über die
.ger in Wien« (1782–1784).
, II, 414 Seiten, DM 42,—/öS 320
EOS Buch 902

ınd: *Steiner, Heinrich*
Verhältnis Tertullians zur antiken eia.
, X, 285 Seiten, DM 29,80/öS 230
EOS Buch 903

ınd: *Thanner, Anton*
st Honorius I. (625–638).
, X, 281 Seiten, DM 29,80/öS 230
EOS Buch 904

Interesse an Papst Honorius I. beschränkte sich
ng fast ausschließlich auf die sog. Honoriusfrage.
vorliegende Arbeit versuchte dagegen, ein Ge-
bild des Pontifikats zu zeichnen, soweit dies auf-
l der dürftigen Quellenlage möglich war. Der An-
vermittelt durch eine Übersetzung auch dem deut-
ı Leser einen unmittelbaren Einblick in die noch
andenen Zeugnisse über Person und Amtsführung
: römischen Bischofs, der durch sein Verhalten in
logmatischen Auseinandersetzungen seiner Zeit die
infallibilisten auf dem I. Vatikanum mit besten
ımenten versorgte.

5. Band: *Lachner, Raimund*
Jakob Frohschammer (1821–1893). Leben und Werk
1990, VI, 128 Seiten, DM 24,—/öS 190
EOS Buch 905

6. Band: *Braun, Reiner*
Die bayerischen Teile des Erzbistums Salzburg und des Bistums Chiemsee in der Visitation des Jahres 1558
1991, XXVI, 463 Seiten, DM 54,—/öS 410
EOS Buch 906

7. Band: *Böhm, Thomas*
Die Christologie des Arius.
Dogmengeschichtliche Überlegungen unter besonderer Berücksichtigung der Hellenisierungsfrage.
1991, XI, 413 Seiten, DM 48,—/öS 340
EOS Buch 907

8. Band: *Erbertseder, Heribert*
Archäologische Zeugnisse des Christentums der Raetia II.
1992, X und 248 Seiten, DM 28,—/öS 210
EOS 908

9. Band: *Bernardus, Silvestris*
Mathematicus. Herausgegeben und übertragen von Jan Prelog, Manfred Heim und Michael Kießlich.
1993, 124 Seiten, DM 24,—/öS 210
ISBN 3 88096 **909**-4

10. Band: *Bendel, Rainer*
Das Kirchenbild Joseph Bernharts.
1993, 194 Seiten, DM 29,80/öS 240
ISBN 3 88096 **910**-8

11. Band: *Josef Schuhmacher, Johannes Stöhr, Leo Scheffczyk*
Der dreifaltige Gott und das Leben des Christen.
Internationales theologisches Symposion zur Trinitätslehre (28./29.11.1991)
1993, 191 Seiten, DM 29,80/öS 240
ISBN 3 88096 **911**-6

Buchbestellungen: EOS-Verlag, D-86941 St. Ottilien